未来を変えた島の学校

未来を変えた
島の学校

山内道雄　岩本 悠　田中輝美

隠岐《おき》島前《どうぜん》発
ふるさと再興への挑戦

岩波書店

僻遠《へきえん》からの狼煙《のろし》

山内道雄

島に高校ができた日のことを、昨日のことのように覚えています。昭和二〇年代、高校がなかった島前《どうぜん》地域では、島外に出ることができる経済的に恵まれた家庭の子どもしか、高校教育を受けられませんでした。実際に、一二〇人程度いた私の中学校の同級生では、七、八人が、高校進学のために、卒業を前に島を出て本土へいきました。そうした状況の中、「家庭の事情から高校にいけない島前の子どもたちのために」という地域住民の高校建設に対する激しい意欲と苦闘の結果、昭和三〇(一九五五)年、悲願の開校を果たしました。高校といっても、当初は小学校舎を使用した分校であり、「職員机四脚、古い生徒用机椅子三〇人分、オンボロミシン一台、黒板一枚が全財産」という状態からのはじまりです。その後、地元町村や保護者等の多大な負担により校舎を建設しました。運動場や通学路なども住民や教職員、生徒の手で整備され、その奉仕作業の過程で尊い命の犠牲もありました。まさに、住民の身命を賭した「地域の学校」だったのです。当時、国の法律にもとづき、分校は定時制でありましたが、県や国への熱意と誠意ある働きかけによって国の法文を改正させ、昭和三三(一九五八)年には、全国で初めて全日制分校に移行しました。その後も住民の希望を担い、教員と町村代表が働きかけを続け、昭和四〇(一九六五)年には念願であった独立を果たし、島根県立隠岐島前高等学校として自立したのです。

時代は巡り、平成の大合併の最中、西ノ島町《にしのしまちょう》、海士町《あまちょう》、知夫村《ちぶむら》の島前三町村は、国や県からのプレッシャーに抗い、自主独立の路を歩むことを決めました。その頃から町長であった私は、産業づくりによるまちづくりに取り組みましたが、事業を起こすのも、それを潰すのも「人」だという現実を目の当たりにしていくうちに、「やはり大事なのは人。まちづくりの原点は人づくりだ」と確信するようになりました。そこでふと、足下の島前高校を見ますと、全学年で生徒が九〇人もいない事態になっている。このままでは、一〇年もたずに統廃合されてしまうという状況でした。私の時代とは違い、今はほぼ一〇〇パーセントの島の子どもたちが高校に進学しています。島から高校が消え、全員が島外の高校へ進学するようになれば、一五歳以上の子どもは島からいなくなってしまう。そして、子どもがいる家族の流出にもつながり、やがて島から人が消えていく……。高校の存続は、地域の存続に直結する。地域の活性化に、学校が果たす役割の大きさに気づいた瞬間と言えたかもしれません。

ただ、島前高校は町立ではなく県立です。これまでの行政の常識だったら、他の組織が管轄しているものに対して、手を出せないような感じがするものです。ましてや、「県」と「町」には上下関係のようなものがあります。高校から「どうして町長がこんなに県立高校へ来るんですか」「町立高校ではないですよ」と言われたりもしました。私がＮＴＴの出身で、ある意味、行政に関して「よそもの」だったため、垣根を越えて県立高校の改革に突っ込んでいけたのかもしれません。
財政的に厳しい中で、小規模校の統廃合を進めたい県の意向もわかるので、「県」と「町村」そして「生徒」の三者にとって良い施策は何なのか、「三方よし」を強く意識しながら進めましたし、県立高校だろうが、人やお金の面でもまず自分たちが率先して負担するようにしました。

これは、岩本悠くんをはじめ外から島に来て本気で島のために行動している人たちに、私自身が影響を受けたことも大きかったです。縁もゆかりもなかったはずの彼らが、この地域や子どもたちのために、がんばってくれている。「よそもの」と言われようが、誰よりも当事者意識や問題意識をもって、率先して行動で示してくれていた。「この島には宝が眠ってますよ」と、私たちには見えなかった島の宝を探し、見い出し、光らせてくれました。私のような年寄りがすべきことは、「よそもの」「ばかもの」「わかもの」と呼ばれる彼らから学び、彼らを活かし、彼らが挑戦できる舞台づくりをすることだと考え、実践してきました。

この八年間で、廃校寸前だった島前高校は、海外からも入学希望者が来る、選ばれる高校に変わりました。無視だけでなく敵視さえされていたかもしれない県の教育委員会の雰囲気も一変し、今では離島中山間地の高校の魅力化事業を県が推進するようになりました。そして、特区を申請しても門前払いであった国も省庁が連携し、超党派による議員立法により、高校の教職員定数に関する法律を改正するまでに至りました。

「気合い」を入れる山内

この取り組みをよく知らない人からは、「島前の奇跡」などと言われますが、それはまったくの見当違いです。これは、そんな再現性がない偶然の軌跡ではありませんでした。また、「あれは、離島だからできた」「あれだけ規模が小さいからできた」「あそこには、あの人がいたからできた」など、自分たちができない言い訳をあたかも正論のように口にする人もいますが、それも表層的な見方です。この取り組みをよく知る人はこう言います。「これだけの人たちが、これだけの想いと考えを持って、これだけ本気で努力して、できない方がおかしい。これだけやって成果がでなかったら、よっぽど能力が無いか、運が悪いかのどちらかだ」と。

ただ、私自身は能力も無いですが、ふるさとを守るために、ずっと大切にしてきたことがあります。それは「気合い」です。気合いの気は、元気、勇気、やる気の気ですが、特に、大事にしているのが「本気」です。本気度の高さが物事の成否を決めます。本気度は、どんな人間でも自分の意志で高めることができるものですし、周囲にも伝播していきます。そして、こうした一人ひとりの「気を合わせる」ことが肝要です。チームとして、それぞれの気を一つにつなぎ、大きな流れが生みだせれば、壁は突破できます。そして、この気を合わせるために必要なのが、やはり「愛」です。地域やふるさとへの愛、自分を育んできた人や自然、文化に対する感謝と敬愛です。愛するもののためだからこそ、人は本気になれますし、一人ひとりの異なる気を合わせていくことができます。だから私たちは、饗宴の最後にはほぼ必ず、全員で一円になって『ふるさと』を歌ったのちに、「気合いだ！　気愛だ！」と一〇回唱和して、場をしめるようにしているのです。

目　次

装幀＝後藤葉子

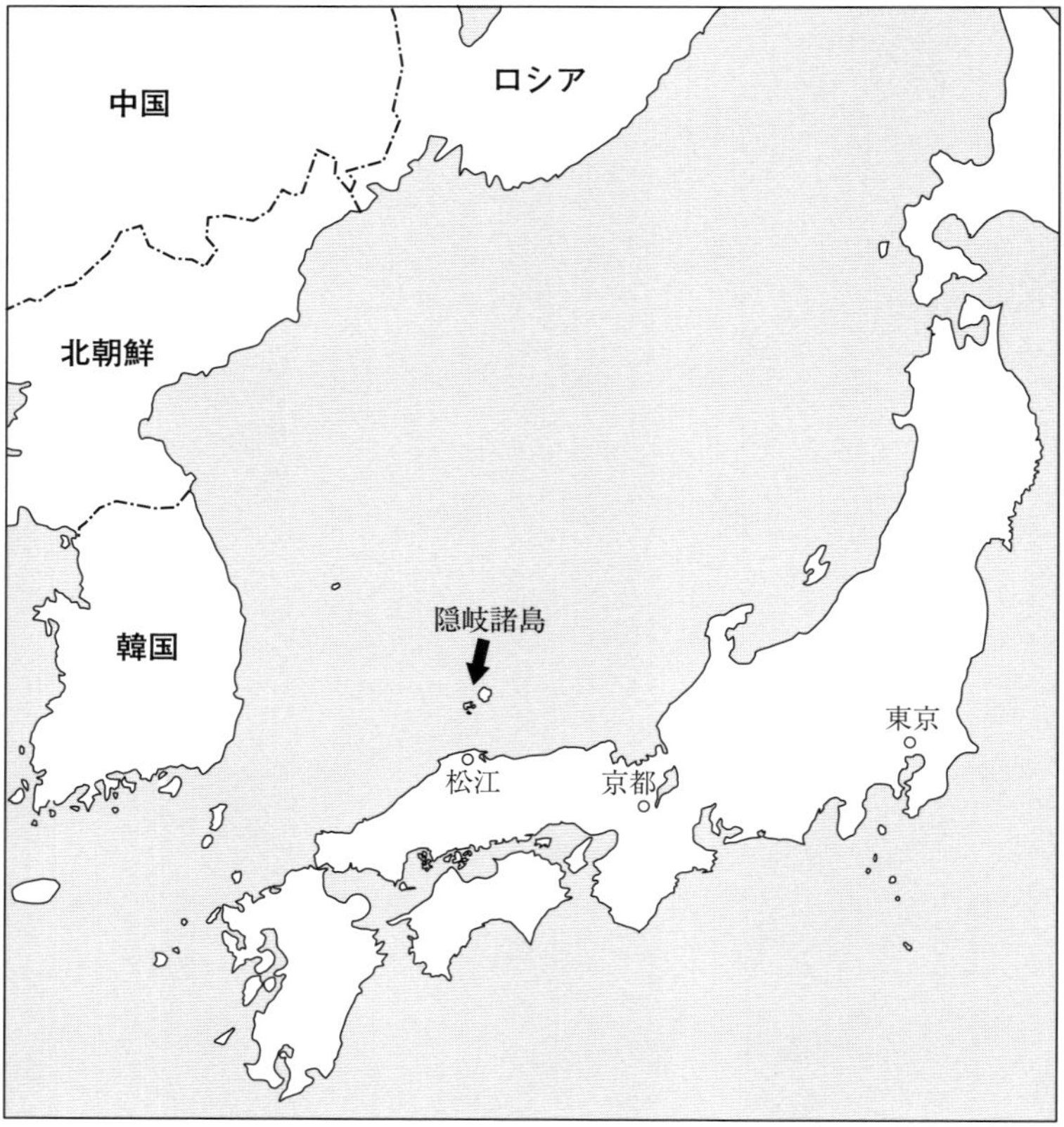

中国
ロシア
北朝鮮
韓国
隠岐諸島
松江
京都
東京

序章　出航前夜

島前の逢魔時

西ノ島町、海士町、知夫村。三つの島の行政のトップが並んで、カメラのフラッシュを浴びていた。二〇〇三(平成一五)年一二月二五日。国と県の旗振りによって市町村合併に雪崩を打つ島根県内で初めて、合併に向け議論していた協議会を解散させ、三島がそれぞれ独立して歩んでいくことを宣言したのだった。

これまでの合併協議を無駄にすることがないよう、他の島を思いやる互助の精神を育み、一体性の醸成を図ることを目指し、発展的な解散と致しますので、皆様のご理解とご協力を心からお願いいたします。

三つ子島

島根半島から北へ約六〇キロ、日本海に浮かぶ隠岐諸島は大きく島前と島後《どうご》に分かれ、島前火山のカルデラで形成された島前地域は、西ノ島町(西ノ島)、海士町(中ノ島)、知夫村(知夫里島《ちぶりじま》)の三島三町村で構成されている。

日本最古の歴史書といわれる『古事記』の国産《くにう》みによれば、隠岐諸島は本州や九州よりも早く、三番目に生まれた「隠岐三つ子島」として登場しており、縄文時代には既に人々が住み、古代から大陸間海上交通の要衝として開けていた。平安時代以降は遠流《おんる》の島としても知られ、知夫には文覚《もんがく》上人、海士には後鳥羽《ごとば》上皇、西ノ島には後醍醐《ごだいご》天皇などが配流《はいる》された。人口が多く漁業が盛んな西ノ島、半農半漁の海士、自然景観に恵まれた知夫と、風土や住民の気質も違い、それぞれの島で独自の歴史と文化を育んできた。

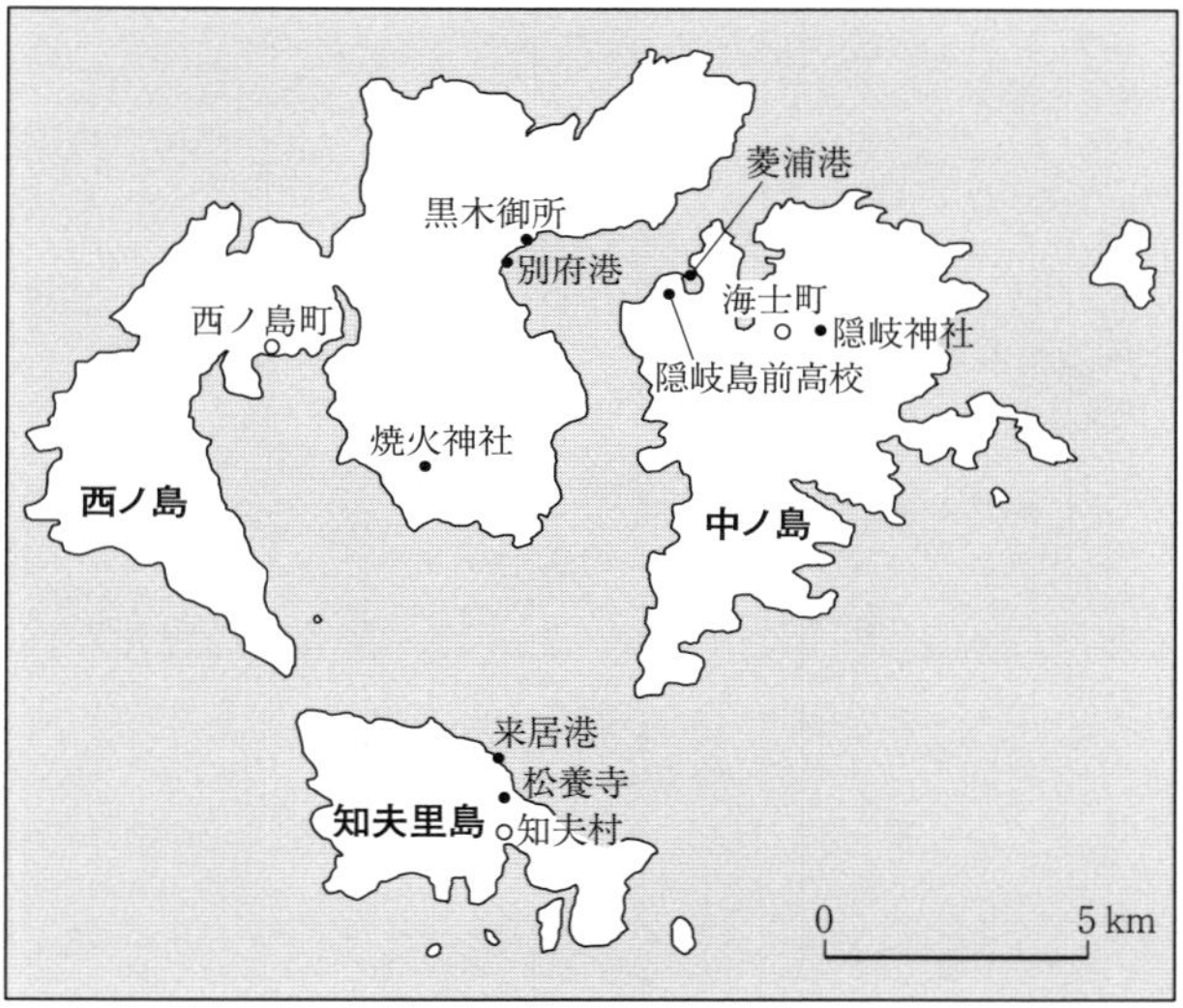

隠岐島前三町村

その三島は、国が主導する「平成の大合併」の動きの中で、合併するかしないか、選択を迫られていた。島根県からも繰り返し合併が勧められた。三町村長が県の関係者に呼び出され「まずは合併に向けた法定協議会をつくってください。そこで前向きに話を進めてほしい」と促された。合併に向かわなければ「国からのお金だけでなく、県からの支援もできなくなっていく」と、財政基盤が弱い小さな町村にとっては「脅し」にも受け取れることを、陰に陽に聞かされていた。

先憂後楽

のちに「隠岐島前高校魅力化の会」の会

浦郷港での水揚げ（西ノ島町）

宇受賀命《うづかみこと》神社でのお祭り（海士町）

国の名勝「赤壁」（知夫村）

長となる、海士町長の山内道雄は、合併に対する島民の意思を確かめようと、島内の全集落をまわった。それぞれの島の文化や歴史を考慮せず、コスト削減など効率性や財政的な話のみが前面に出た合併論議に対する否定的な声が強くあった。誰のために合併し、新しい「まち」をつくる必要があるのか。合併しなければ、国からの交付金が減らされ、財政的にさらに苦境に陥ることは目に見えていたが、島民の多くは自立の道を望んでいた。「どちらの道を選んでも厳しいだろうが、苦労するなら、自分たちの力でできるだけのことをした方がいい。身を削ってでも、この島を守る」。

こうした思いは、西ノ島にも知夫にも共通していた。二〇〇三(平成一五)年一二月二五日、その後の合併により五九市町村が一九に減ることになる島根県内で初めて、合併に向けた協議会を解散させ、三島がそれぞれ自立して歩むことを決断したのだった。解散の文書では、「まさに島の存亡の危機に直面する中で、今後は三町村で力を合わせ、県や国に対して、このような島嶼《とうしょ》地域にあっても自主的・主体的な行政運営が可能となるよう積極的に働きかけていく」と宣言した。

「島の存亡の危機」とは、大げさな言葉ではなかった。積極的に公共投資を行ってきた三町村の借金の返済額は急増しており、積立基金は取り崩しが続いて数年後には底をつきそうだった。自立宣言をした翌年、小泉純一郎政権が打ち出した「三位一体改革」に伴い、全国の自治体が貴重な収入源として頼ってきた国からの「地方交付税交付金」が大幅に削減された。自前の収入源が少なく財政基盤の弱い三町村にとって、この衝撃は大きかった。自立に向けて第一歩を踏み出したとたんに、足下が瓦解したのだ。このときばかりは山内も「合併した方が良かったかもしれない」と弱気になった。何か手を打たなければ破綻する。山内は、島が生き残るための戦略を早急に策定するよう財政課長らに指示を出した。

地域経営の急所

三カ月後、「自立促進プラン」が完成した。このプランには、一見関わりが見えにくい、高校の存続問題に取り組む重要性が盛り込まれていた。その背景には、「高校の存続は、地域の存続に直結する」という、過疎地特有の状況があった。

一九五〇(昭和二五)年に一万六〇〇〇人を超えていた島前の人口は、二〇〇四(平成一六)年には六五〇〇人程度になるほどの急激な落ち込みを見せていた。島の年齢別人口のグラフでは、六〇歳以上のボリュームの多さに比べ、二〇代から三〇代が突出して少ない。

この年代が少ないということは、今後生まれる子どもの数が加速度的に減っていくことを意味している。その原因は、高校卒業後に進学や就職で島外に出た若者が、ほとんど帰って来ていないからである。シミュレーションの結果、今は八〇人いる島前内の中学卒業生が、一〇年後には二八人にまで減ることもわかった。これでは島前高校は成り立たない。

島前高校が廃校になれば、島の子どもたちが自宅から通える高校はなくなる。中学卒業と同時に子どもたちが島から出ていくことになり、一五歳から一八歳はほとんどいなくなる。

影響はそれだけにとどまらない。島の子どもたちは、少ない人数の中でのんびり育つ子が多い。一五歳で親元を離れて一人で市街地で生活し、大規模校に適応できるのか。親は心配し、子どもを支えるために一緒に移り住むケースが増えることも想定される。そうでなくても、寮や下宿生活に伴う仕送りなどの負担は重い。三年間、一人の子どもを本土の高校に通わせると四〇〇万円から四五〇万円程度になるとの試算がある。家計には大きな負担で、経済的にゆとりがない家庭や、子どもの数が多い家族ほど、島外へ出てしまうことが予想される。

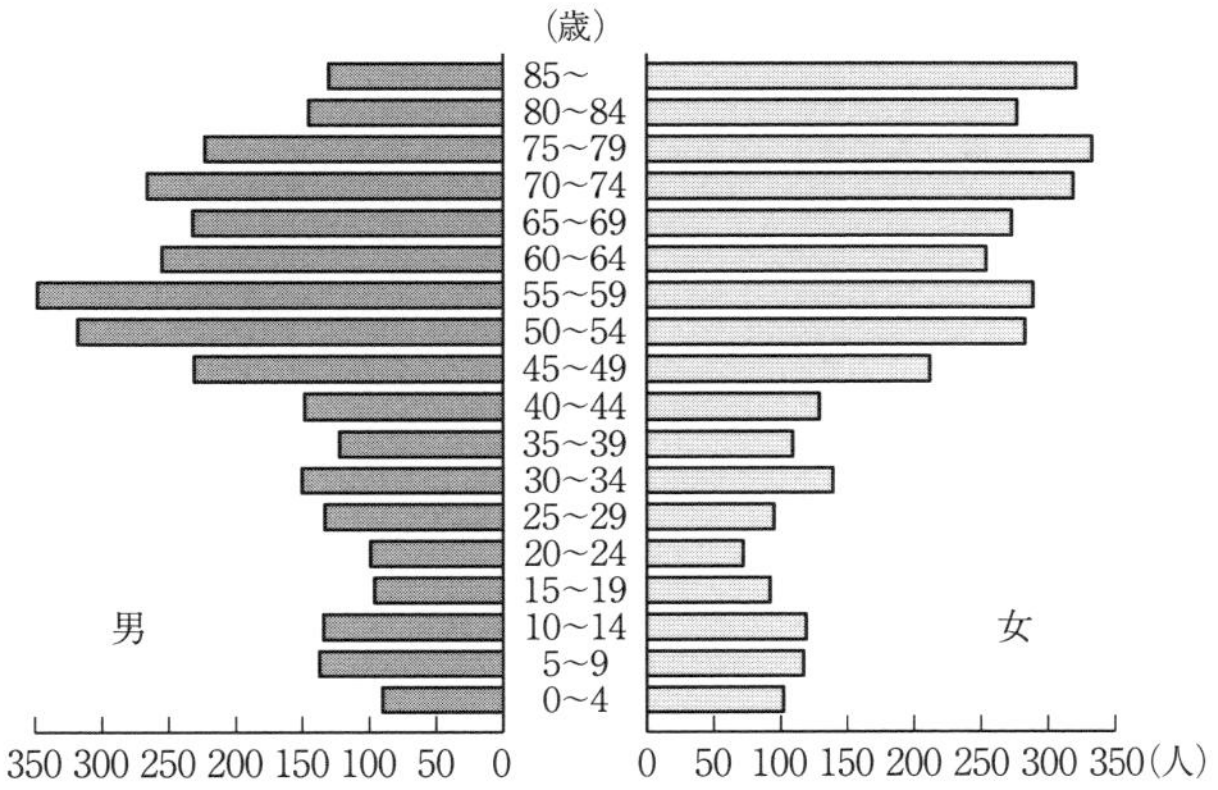

島前地域の人口ピラミッド（平成17年）

高校時代は、将来の進路や生き方を考える多感な時期である。地元の同級生たちと地域で思い出をつくるのではなく、島外で高校生活を送ると、島に対しての愛着や「いつかこの地域に戻ってきたい」という意識は育ちにくくなる。将来、島に戻ってくるUターン率は、さらに低下するだろう。

島前三町村では、行政の積極的な働きかけによって、子育て世代のUIターンは増えてきていたが、それも高校までの教育環境があるということが大きかった。家から高校へ通えない地域に、子ども連れでのUIターンはほぼ期待できない。教育費の負担が増し、子どもを産むことへの不安も高まるため、出生率が低下することも想定された。そうなってから、産業創出や若者の定住施策に取り組んでも遅い。少子高齢化や過疎化にもう歯止めがかけられなくなってしまう。

島前高校がなくなることは、島の未来に直結する致命的な問題だった。あらためて学校が「地域の砦」として果たしている役割の大きさが、浮き彫りとなった。

消滅のシナリオ

プランの中では「高校を失うことは文化的・経済的に計り知れない損失であり、火急な対応を迫られている」と、何らかの対策をとる重要性が指摘されていた。それに加え、財政的な危機を当面回避するため、給与や職員を減らすといった行政のコスト削減策をはじめとした「守り」の政策と、中長期を見据えた交流人口の拡大、地域資源を生かした産業振興などの「攻め」の政策が描かれていた。当時、市町村が人口を基軸にした中長期戦略を立案することは珍しく、中でも、高校の存続問題が地域の存続に直結すると結論づけたのは、異例だった。

その間にも島前高校では事態が悪化していた。入学者の減少に伴い、全学年二学級だったのが、数年後には全学年一学級、全校生徒は一〇〇人を下回る見通しとなった。遠くない将来、高校が消えてしまうという最悪のシナリオが、現実味を帯びてきた。一学級に減ることが島内に広まると、「もうおしまいでは」という噂が囁かれはじめた。子ども三人を連れて大阪からIターンしてきた女性は、「高校があると聞いてIターンしてきたのに、子どもたちが高校生になる頃には高校がなくなるかもしれないなんて、詐欺じゃないですか」と不安を訴え、他の島民からも「島前高校がなくなったら家族で松江に出て、向こうで仕事を見つけて、子どもたちを家から高校に通わせる」といった話も漏れ伝わってきた。まさに「砦」が、崩れようとしていた。

成り行きの未来

本土行き最後のフェリーが動き出した。この島と一緒に死ぬと言ってきかない老人だけが島に残った。錆《さび》の浮いた港湾施設が遠ざかる。岸壁に書かれた「ござらっしゃい（いらっしゃい）」の文字が虚しく波に洗われている。永訣を告げる最後の汽笛が、湾内に響き渡った。丘の上には、廃墟となった旧島前高校が、淋しげに佇んでいた。

この島前地域に襲いかかってきた過疎、少子高齢化に伴う地域の衰退、そして高校存続の危機。島前高校の学級数が二クラスから一クラスに減ったことで、教職員数は段階的に減り、難関大学への進学は困難となり、バスケ、バレー、レスリングなど部活動の休部も続き、寮も閉鎖された。入学生は拍車をかけて減少し、為す術《すべ》もないまま島前高校は隠岐高校の分校となり、その数年後、廃校が決まった。

島前高校が廃校になった後、島前地域への子ども連れのＵＩターンは途絶え、逆に子どものいる家族世帯の島外流出に歯止めがかからなくなっていった。知夫村では子どもが生まれない年が何年も続き、小中学校は休校になり、高齢化率は七〇パーセントを超えた。海士町では若いＵＩターン者の流出が続き、二校あった小学校は統廃合され、第三セクターも潰れていった。西ノ島町でも漁業や畜産業の担い手は途絶え、子どもや若者の減少により伝統文化の精霊船《シャーラ》も十方拝礼《シュウハイラ》も消えた。赤字が続いた隠岐汽船は寄港地の集約化とダイヤの効率化を図り、隠岐で一港、一日一便、フェリー一隻体制に移行。これにより島前の観光業はさらに衰退していった。島前に住む医者はいなくなり、島後や本土から定期的に通ってくる体制に変わり、住民の医療に対する不安は、さらに高まった。三町村ともに財政状況が悪化して行き詰まり、ついに隠岐の島町との合併を決断。編入合併後、住民への福祉や医療、行政サービスは低下し、人口の流出は一層激しくなった。「最期まで島に残りたい」と言っていた高齢者たちも、診療所や商店も閉まり、空き家だらけの集落の中で話し相手もいなくなり、島に残ることさえ厳しくなっていった。そして、数人だけを残して苦艱《くかん》の集団離島が始まった。

こうして、数千年続いてきたこの島前の歴史と文化は、二二世紀を迎えることなく幕を下ろすことになった。その後、島前近海では外国漁船の違法操業が繰り返されるようになり、荒れ果てた集落には不審な人影が見られるようになったという。全国でも学校の統廃合は一気に加速。ほとんどの過疎地域から学校が消え、子どもや若者が消え、希望や活力が消え、国土の大半を占める地方は疲弊し、日本の少子高齢化と人口減少は急速に進んでいった。

これは、このまま何も手を打たなければまっしぐらに向かっていく、未来の姿であった。

第1章　乗　船

菱浦港と島前高校

負の連鎖

「このままでは、島が無人島になってしまう」。町長の山内の指示を受け、二〇〇四(平成一六)年に自立促進プランを完成させた財政課長の吉元操《みさお》は、小高い丘の上に立つ島前高校の白い建物を見上げては、胸をかきむしられるような焦りと危機感に襲われていた。吉元自身は島前高校の卒業生ではあるが「思い出の母校が消える寂しさ」というセンチメンタルな想いではなく、高校の存亡が島の命運を握る切羽詰まった問題であるにもかかわらず、対策がない状況に煩悶していたのだ。島前高校は、大きな意味で「悪循環」の中にあった。

高校の教員の数は、全国一律の「公立高等学校の適正配置及び教職員定数の標準等に関する法律」(標準法)にもとづき、生徒の定員によって算定される仕組みである。生徒が減り、学級数が減れば、教員は削減されていく。島前高校のような小規模校ではほとんどの教科に一人しか教員がおらず、地理が専門の教員が日本史や世界史、現代社会も受け持つというように、専門以外の科目も教えなくてはならない。教材研究や準備、試験問題の作成など授業以外の時間も含めた一人当たりの業務量は多く、一方では大規模校とほぼ変わらない校務分掌などの事務を少ない教員で分担する必要があり、現場は多忙だった。また、島前高校には物理の教員がいないため生徒は物理を学ぶことができず、理系進学を目指す生徒は圧倒的に不利になっていた。大学進学を希望する多くの保護者は、せめて主要五教科は三年間、受験に対応した教科指導経験がある教員がそろっていてほしいと願うのは当然である。しかし、一教科に一人しかいない環境では、教科の指導力アップにつながる教員同士の学び合いや切磋琢磨も起こりにくい。加えて、教員は二〜三年程度で入れ替わる。教員が変わるたびに、全学年のその教科の学力が上下することも少なくなかった。県内一斉に行われた学習時間調査では、島前高校生の学習時間が明らかに短いという結果が出ていた。島前高校に行くと「進学できない」というイメージは、根強かった。

為せば成る

こうした高校の状況をもっとも敏感に感じていたのは、子どもたちかもしれない。ある教員は「どうせ、おらっちゃ(わたしたちは)島ん子だけん」と言った生徒の言葉が忘れられない。授業で生徒からの質問に答えられないときだった。言葉は省略されていたが「離島だから、本土から来たくもない先生が送られてきて、どうせやる気もなくて、三年たったら帰っだらぁ。島ん子は満足な教育なんて受けられんけん」という意味が込められていると、受け止めた。

高校生が重視する部活動も、生徒数が減れば部の種類も限られる。昔から島前高校が力を入れていたレスリング部のほかには、バレー部とソフトテニス部しか運動部はなかった。人気が高い野球やサッカー、合唱、吹奏楽などはない。離島という立地上、他校との合同練習や試合なども往復の時間や宿泊・交通費が多くかかり頻繁にできないことから、強化が難しかった。部活動に力を入れたい生徒ほど、部活動を理由に島外の高校へ進学する。その結果さらに生徒数が減り、部活動が沈滞化するという悪循環であった。

こうした中で、役場職員も子どもを島前高校ではなく、本土の高校に送り出すことがよくあった。

危機と重要性を認識していた吉元ですら、息子を島前高校に進学させるか迷い、悩んだ。息子は理系を希望していたため、物理の授業がない島前高校では進学先の選択肢が狭まるのは目に見えていたからだ。それでも吉元は、息子に島前高校を勧めた。上杉鷹山《うえすぎようざん》公を師と考えていた吉元は、島前高校であっても、「為せば成る　為さねば成らぬ　何事も　成らぬは人の為さぬなりけり」と、自分を含めて言い聞かせていた。

宙に浮く高校

吉元は自立促進プランの策定過程で、保護者にアンケートをとり実効的な対策を検討することや、学習支援を強化すること、島内生が減っていく中で島外からも生徒を集めることなど大きな方向性は描いていた。しかし、実際にどうすればいいのか、道筋は見えなかった。その上、組織の壁が高く立ちはだかっていた。町立の小中学校とは違い、島前高校は「島根県立」。管轄が違うので、島前三町村の行政と接点はほとんどない。学校運営に責任を持ち存続や統廃合などを決めるのは、町ではなく県の教育委員会だ。人口減少の中、全国的に学校を取り巻く流れは、再編や統廃合へと向かっている。統廃合による影響を大きく受ける市町村側が高校の存続に危機感を持っても、違う組織に働きかけることに対しては、どうしても二の足を踏む。

コミュニティ・スクールや学校支援地域本部、放課後子ども教室といった地域との連携が広がっている小中学校に対して、高校ではこうした取り組みは進んでいない。中学校までは盛んな「ふるさと教育」も、高校ではほとんど見られない。受験に向けた学力への直接的な影響が見えにくいこと、教員も大学進学を志望する生徒も、その必要性を感じていないことなどが背景にあった。

　また、地域住民にとっても小中学校に比べて高校の教員とはつながりが薄く、高校の学習内容や部活動も高度ということもあり、心理的な距離は遠い。島前高校の教員のほとんどは本土からの単身赴任者で、丘の上の高校と教員住宅の往復で一日が終わる。地元住民からも「高校の教員は山から降りてこない」とよく言われていた。吉元も、高校から徒歩一〇分のところに住んでいたが、卒業後は、一度も校内に足を踏み入れたことはなかった。実は、県立高校とは、地域から「浮いた」存在であった。

邂逅《かいこう》

　町役場に県立高校の問題を担当する役職などそもそも存在していないため、財政課長の吉元は「ほかにやる人がいないのなら、自分がやるしかない」と腹をくくり始めた。まず、東京にある日本語教育の学校法人と縁ができたので「ここと組んで外国人に入学してもらえば、生徒数も増えて良いのでは」と思いついた。打診したが、「違う形で交流をしましょう」とやんわり断られた。次に、交流事業の一環により一橋大学との関わりができたので「高校の存続をどうすればいいか考えてみてほしい」と学生に相談した。すると「若手の一流講師と有名大学の学生たちを島へ呼び、島前高校で出前授業をする」という案が出てきた。

　二〇〇六（平成一八）年五月一八日深夜、約三〇人の学生と社会人を乗せた大型ワゴンが、東京を出発。島の役場職員が夜通し運転し、翌朝、島に上陸した。この出前授業の講師として招かれたのが、当時ソニーで人材育成に携わっていた岩本悠である。出前授業を企画した一橋大生から頼まれた岩本は、社会貢献の機会でもあると了承した。「島前、シママエ…、海士町、カイシチョウ…?」。読み方も、どこにあるかも知らなかった。

出前授業は、意中の島前高校に断られたので中学校へ変更され、岩本は一限から六限まで、「世界と地域と自分とのつながりを五感で体感するワークショップ」を実施した。五感や身体を使って世界の多様性を感じた上で、自分たちの地域の特殊性を考える。そして最後は「つながりの中での自立」の意味を探究するという内容で、授業は盛り上がった。「明日は土曜日だから遊ぼう」と誘われた岩本は、翌日島の子たちと一緒になって野イチゴやワラビ、タケノコを採り、ヘビを追いかけ、海岸で魚を釣る。都会では味わえない経験が新鮮で、陽が落ちるまで遊びまわった。

夜は、獲れたてのイカやサザエが並ぶ海鮮バーベキューを味わいながら、町長や議員らから、島の現状を聞いた。〝超〟がつくほどの人口減少と少子高齢化、財政難に直面しながらも、合併せずに自立の道を選び、町長五〇パーセント、議員四〇パーセント、役場職員三〇パーセントなどの給与カットを実行し、給与水準は日本一低くなっている。浮いた財源は未来への投資として子育て支援に充て、岩牡蠣《いわがき》や隠岐牛など地域資源を生かしたモノづくりにも奮闘している。「このままではいかん」という危機感と「今わしらがやらんで誰がやる」という使命感、そして「この島を守りたい」という志を持って、戦っている様子がひしひしと伝わってきた。

山内の「まちづくりの原点は、人づくり。産業や雇用を生み出すモノづくりと、未来を担う人づくりがそろってこそ、真の意味で持続可能になる」という考え方にも共鳴した。

一燈照隅

その後、吉元から人づくりの最大の課題である高校の存続問題は手つかずになっているという話を聞き、「なんとか、この学校を守る方法はないか。例えば有名大学に行ける進学校にする手はないだろうか……」と相談された。

岩本は、直観で答えた。「進学だけでなく、その先を見て、社会で活躍できる、もしくは島に戻って地域を元気にできる人づくりを目指した方が良い。そのためには、島の人材や自然、文化、産業など地域資源をふんだんに活用し、学力だけでなく、人間力や志も高められるような教育環境をつくるのが良いと思う。それができれば、島の子どもたちに加えて島外からも子どもが来るようになって、学校も存続する。地域リーダーを育てていくことができれば、地域も持続可能になるでしょう」。岩本は、受験や学歴を否定しているわけではなく、企業での人材育成を担当する中で、もっと先を見据えた、人づくりの必要性を痛感していたのだ。「それはええなー。悠さん、うちの島に来て、ぜひ、それをやらんか」。飲んでいた勢いもあり「それはええですねー」と、意気投合した。

翌日「悠さん、ちょっと」と、公民館の和室に連れて行かれた。待っていた吉元や教育長ら四人に、ぐるりと取り囲まれる。島の海産物で握った寿司を前に「昨夜の話だけど、具体的にはいつごろから島に……」と真顔で切り出された。その攻めの姿勢に驚きつつも「東京に戻ってから、しっかり考えてお返事します」と口にした。島にいると、今までの価値観が揺らぎ〝正常〟な判断ができないままに「やります」と言ってしまいそうな気がして、怖かった。

フェリーから、遠く離れていく島影をずっと眺めていると、この小さな離島が「日本の箱庭」であり、「社会の縮図」のように思えてきた。この島が直面している人口減少、少子高齢化、雇用縮小、財政難という悪循環は、多くの地方が抱える共通の問題であり、この先、日本全体が直面していく課題である。学校の存続問題一つとっても、今後少子化が進む社会全体の課題になる。そう考えると、この島はサキモリとして、日本に押し迫ってきている難題を相手に戦う「最前線」であり、未来への「最先端」のように見えた。また島が守り継いでいこうとする、人と自然、文化、産業が調和した循環型の暮らしや、食とエネルギー、人の自給自足を目指す持続可能な地域づくりは、世界の重要なテーマでもある。この島の課題に挑戦し、小さくても成功モデルをつくることは、この島だけでなく、他の地域や、日本、世界にもつながっていく。「一燈照隅、万燈照国」。小さくても、まずこの島が一隅を照らす光を燈《とも》す。そして、その一燈が万に広がり、社会全体が明るくなっていく。そんな「妄想」が岩本の頭に広がっていった。

島に行けば、収入は半分以下、契約は三年、その後の保証は一切なし。「それも、おもしろい」。電話で「行きます」と伝えた。

よそ者の壁

岩本が移住したのは、寒さも厳しくなったこの年の一二月。まず、町役場で持続可能な地域づくりに関する研修を行うことになった。

研修後、ふだん物静かな課長が吉元のところに駆け寄ってきた。「すごい男を連れてきたな。この島には約四〇〇年に一度、歴史に名を残す男が、やってくる」。八三八年、「わたの原八十島《やそしま》かけて漕ぎ出でぬと人には告げよあまの釣り舟」。野狂《やきょう》と称された異端の詩人小野篁《おののたかむら》。一二二一年、「我こそは新島守よ隠岐の海の荒き波風心して吹け」。新古今和歌集の編纂や皇室の菊紋の起源をつくった後鳥羽上皇。一六〇八年、蹴鞠《けまり》の名手で私財を投じて後鳥羽上皇の廟を創建した飛鳥井《あすかい》少将雅《まさ》賢《かた》。そして岩本悠だというのだ。吉元はそこまでは思っていなかったが、「それは良いだわぃ！」と喜んだ。

「岩本悠氏を迎え、これから人間力あふれる人づくりを進めていきます。今年を『人づくり元年』にします」。移住直後の二〇〇七(平成一九)年元旦の午前九時、全町に流れる島内放送が響いた。町長の山内の年頭所感演説だ。同様の内容は、町の広報誌にも「地域の未来を支える人づくり」とのタイトルで掲載された。山内には、軌道に乗り始めた「モノづくり」に対して、もう一つの柱である「人づくり」がこれから必要だという強い思いがあった。岩本に対する山内の期待の大きさの表れだったが、事前説明もなく突然大きく打ち上げたことで、島内の猛反発を招いた。

「イワモトユウって、何者だ」。「よそからの若いもんに何ができっだ」「島をかきまわして、すぐ帰るんだろ」。坊主頭で幼く見える上に、身なりにかまわない岩本の風貌も手伝い、こうした声は大きくなっていく。山内のもとに「なぜあんなやつを使っているのか」という手紙も届いた。よそ者への反発はある程度は想定していたが、予想以上だった。

高校の問題に取り組むといっても、まだ何も始まっていなかった。高校側と話がされているわけでもなければ、岩本を受け入れる組織やプロジェクトもない。最初は、町がモノづくりのためにIターン者を受け入れていた制度「商品開発研修生」という形で、島に入った。その後も「地域教育コーディネーター」「人づくりプロデューサー」「高校魅力化プロデューサー」と肩書は次々と変わり、所属も「人間力推進プロジェクト」「町教育委員会」「町役場」と変転した。よくいえば柔軟であり、それだけ何も決まっていなかった。

地域の方と交流する岩本

岩本の中では、移住前のワクワク感は冷め、「これは大変だ」という暗い気持ちが膨らんでいった。「ヨソモノ」や「ソトノモン」などと呼ばれ、面と向かって「俺はIターンの連中が嫌いだ」「おまえいつまで島にいるつもりだ」「ここに骨を埋める気がないなら帰れ」などと言われるのに加え、高校の存続問題に取り組む岩本の席を高校の中に置くという、一見当たり前の話も実現しない。自分には一切の決定権や権限がないことを思い知らされた。高校に足を踏み入れることすら、理由をつくって許可を得る必要がある。現場の状況を把握することにも苦労する中で、対策の立てようもなかった。

町内での会議に参加しても、多くの場合、終わりの時間は決まっていない上に、脱線ばかりの堂々巡り。夜は、何かと飲み会。自分のペースではなく周りにあわせて飲み、酒をついで回っては「あんたどっからきた」「なぜこげなとこにきた」と同じ質問に何度も何度も答えることになる。岩本には非生産的な時間に思えてしょうがなかった。仕事も、図書館のない島で、各学校、公民館など既存の公共施設に本を置き司書が回ることで、島全体を一つの図書館に見立てる「島まるごと図書館構想」の企画や、中学校での環境教育、島外から中高大学生などを招いての交流事業、活動費を得るための補助金の申請など、高校存続とは一見関係ない仕事が増える一方、肝心の高校に関しては、どんなアイデアを提案しても、前に進む気配はなかった。

脱「海士高校」

島前高校の管理職は、校長や教頭に昇進して初の赴任地として来る場合が多く、二年程度で本土の大規模校へ異動していく。一年目に役職、学校、地域に慣れたと思ったら、二年目にはすでに異動が見えている中では、どうしても中長期的な改革や地域に根ざした学校経営という視点は持ちにくい。また、島前高校出身の教諭は一人しかおらず、他の教諭は三年程で異動していく。島前への赴任を希望する教諭はほとんどいないため、一年ごとの契約となる若い講師が非常に多い。さらに、公立学校は私立学校と違い、赴任した高校は教員にとって「転勤先」の一つでしかなく、仮にその高校が統廃合になっても、教員に責任を問う人もいなければ、教員自身の雇用にもまったく影響はない。どうしても高校の存続に危機感を持ち、自分ごととして本気で動くということが、難しい構造があった。

岩本はそうした構造を理解すると、高校から自発的な改革が起きるのを待つよりは、島前高校を海士町の動きに巻き込もうと考えた。高校を含めた海士町全体の人づくりのビジョンとして、地域の保護者や教育関係者とワークショップを行い「人間力マップ」を策定。その人間力の育成に向け、町内の保育園、小学校、中学校、島前高校を集めた、保-高連携教育推進協議会の立ち上げなどを進めていた。

そんなとき、島前高校校長の田中利徳《としのり》が漏らした一言に、はっとした。「うちは海士高校じゃないから。海士町だけとやるのは島前高校として動きにくい」。海士町だけでなく島前三町村として動くことの大切さを示唆していた。「なるほど」。考えてみれば、移住したばかりでコトを急ぐあまり、周りが見えていなかった。高校ばかりに目が向いていて、他の町村のことまで考えていなかったのだ。今まで高校が動かなかった理由が少しわかった。とはいえ、海士町だけでも大変なのに、これが三町村になるとさらに調整作業が生まれ、意思決定のスピードは今以上に落ちてしまう。このまま突き進むか、もう一度ゼロから調整しなおすか。迷ったが、「島前」高校であるし、生徒は三島から通って来ている。やはり、三町村の枠組みで足場をつくるのが筋である。遠回りのようでも、結果的に長く遠くまで続くものになるだろうと考えた。しかし、実際にどういう組織で三町村と高校を結べばよいのか見えないまま、日は過ぎていった。

そんな中、校長の田中から島前高校の「後援会」の存在を教えてもらった。後援会は部活動遠征費などの財政的な支援が主な役割で、あまり活動はしていなかったが、島前三町村の町村長、議長、教育長、中学校長ら、高校の関係者ほとんどが名前を連ねていた。ないものを新しくつくるより、あるものを見直して活かす。三町村の教育長や総務課長から下話《したばなし》をはじめ、後援会を活用して高校の存続問題に取り組むことが了承された。その上で、存続に向けた学校改革の構想をつくることと、構想策定に向け高校教員と三町村職員、中学校教員、保護者、卒業生などでワーキングチームを立ち上げることも、何とか承認された。

脱「存続」

この頃、岩本は「高校の存続」という言葉に、違和感を持ちはじめていた。中学生の保護者が「高校の存続のために、自分の子どもを行かせることはできない」と言っているのを聞いたからだ。「存続」という言葉は前向きでなく、力が湧いてこないような気がしていたのだ。それまで、主に「高校の存続問題」や「存続事業」という言葉を使っていた。しかし、「存続」の危機にあるような学校に、生徒は行きたいと思わず、保護者も子どもを行かせたいとは思わないだろう。そのため、島前高校の「存続」を掲げれば掲げるほど、中学生やその保護者の心は島前高校から離れ、「存続」が余計に難しくなる構図である。加えて「存続」を目的にすると、例えば、島前の子どもを囲い込み島外に出させないための施策に向かったり、生徒が減っても廃校にならないための陳情や反対運動などの政治的手段に訴えたりとどこかに無理が生じてくる。

ある日、校長の田中が「隠岐島前高等学校の魅力化と永遠《とわ》の発展の会」と自筆で書いた紙を持って来た。後援会の新しい名称案だった。田中は、出張先から島に帰るフェリーの中で、高校の存続

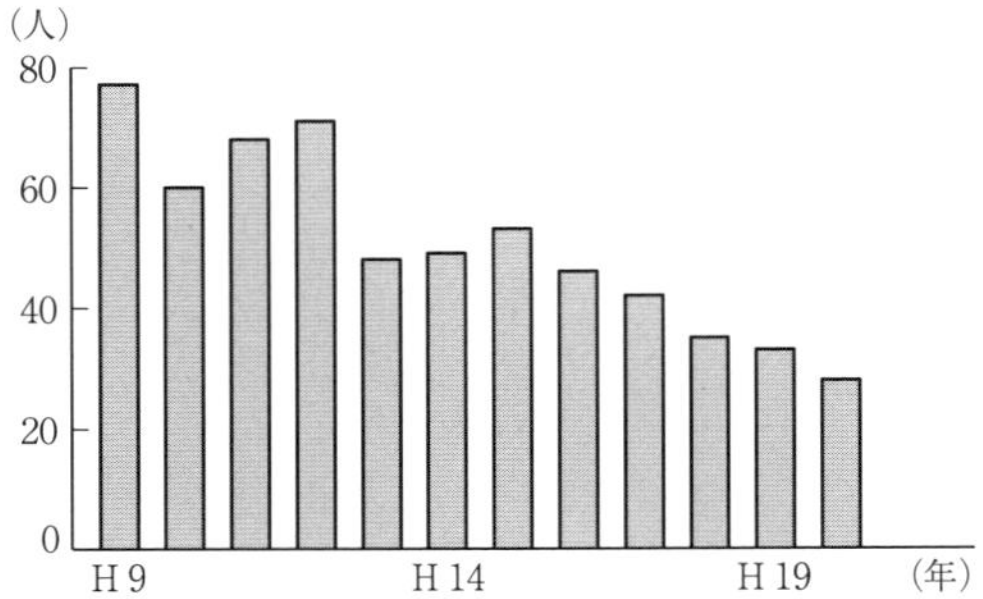

島前高校入学者数の推移

や島根県の教育の在り方に思いを巡らせているうちに、はっと気づいた。「高校に魅力があれば、生徒は自然に集まる。存続、存続というのはかえってマイナスだ」と。魅力化とは、生徒にとって「行きたい」、保護者にとって「行かせたい」、地域住民にとって「活かしたい」、教員にとって「赴任したい」と思う、魅力ある学校になることであって、その結果として「存続」がついてくる。目指すべきは、高校の存続ではなく、魅力ある高校づくりなのだ。しかも、その魅力化は、一過性でなく、永遠に発展し続けるものであるべきだ、との想いが込められていた。岩本は、「会の名前としては、長いし、お洒落じゃない」と思ったが、「魅力化」と「持続可能性」の両面にそのまま言及した、飾り気のない名称が気に入った。小手先の存続ではなく、本質をとらえた基本理念が言語化され、共有できることが何より大きかった。

年度末も迫った二〇〇八(平成二〇)年三月二五日、隠岐島前高校後援会の臨時役員会が開かれ、後援会を「隠岐島前高等学校の魅力化と永遠の発展の会」(魅力化の会)へと刷新することが承認された。高校が立地している海士町長の山内を会長に、三町村の町村長や議長、教育長、中学校長、島前高校の校長やＰＴＡ会長ら二五人が、「魅力化と永遠の発展」という旗のもとに名を連ねた。島根県立隠岐島前高校と島前三町村が「島前高校魅力化プロジェクト」という同じ船に乗った瞬間だった。

ちょうどこの四日前、島根県教育委員会が公表した県立高校の再編方針である「平成二一年度以降の魅力と活力ある県立高校のあり方について」が、波紋を広げていた。県立高校の「統廃合基準」を明確化し、島前高校のような全学年一クラスの学校では、入学生が二一人を下回ると、「生徒募集を停止するか、近隣の高校へ統合するかを適当な時期に検討する」と記されていた。このとき、島前高校の二〇年度の入学生は二八人。このままでは、二五年度にはこの統廃合基準に抵触することが予想された。魅力化プロジェクトがようやく一歩を踏み出した一方で、島前高校にとって「統廃合」という三文字は、より現実的な危機として迫っていた。

第2章　三方よし

隠岐島綱引き大会にて

斜めからの切り込み

岩本は、毎月のように島根県の教育委員会を訪問していた。島前高校の設置者であり、決定権限を持つ県教育委員会の了承なしには、物事が決められないからだ。

窓口は「県立学校改革推進室」。統廃合基準をまとめた部署でもあった。県立高校の問題に町の関係者が口を出すことは、これまでの常識では考えられず、快く思われなかった。その上、合理化に向けて高校の統廃合を進める部署に対して、学校を魅力化し存続させようという存在は、当然煙たがられた。文部科学省が進めるコミュニティ・スクールの指定を島前高校も受けたいと相談した際も、「そんな制度聞いたことがない」「学校の総意をとっているのか」「県内ではまだ例がない」などと取り合ってもらえない。「改革推進とか掲げていても、改革なんか全然するつもりないじゃないですか。改革推進室じゃなく、学校再編室に名前を変えた方がいいですよ」。何度も出かかった言葉を、ぐっと堪えるしかなかった。

そんな歯がゆい思いの中で、県教育委員会の生涯学習課長の鴨木朗が、魅力化の取り組みを前進させる大きなヒントをくれた。高校と三町村をつなげ、魅力化プロジェクトを進めるために「社会教育主事」を活用してはどうかとアドバイスしてくれたのだ。

島根県では、県と市町村が人件費を分担する形で、希望する市町村に社会教育主事を派遣する仕組みがあった。この仕組みを応用して、社会教育主事を島前高校内に配置し、高校を中から地域に開きつないでいくという案がすぐにできあがった。県教育委員会からの「派遣」という肩書きがあれば、高校も学校内に席をつくってくれるだろう。高校に社会教育主事を入れている例は、全国にもなかった。しかし、社会教育主事の派遣要綱をよく読むと、その職務には、「家庭、学校、地域の連携」や「地域社会における人づくり、地域づくりの推進」などと書かれている。高校魅力化に、まさに、ぴったりだった。

問題は、誰がその任にあたるかだ。今後の三町村の連携を考えれば、西ノ島町か知夫村の出身者であれば、その島の事情にも詳しく、望ましい。加えて重要なのは、本人の柔軟性とストレス耐性だ。魅力化プロジェクト自体、前例のない取り組みであり、これまでの社会教育主事とは仕事が違う。誰もやったことがない新しい役割を担うことになる。「こうあるべき」という筋論に固執する人では、務まらない。新しい発想に柔軟に対応でき、粘り強くがんばれるということが条件になる。これらをすべて満たし、白羽の矢が立ったのが、西ノ島町で小学校教員をしていた浜板健一だった。

浜板の受難

浜板にとっては、まさに「寝耳に水」の辞令となった。三月のある日「とりあえず、海士町の教育委員会に行ってくれ」と言われ、足を運んだものの「自分はどんな仕事をするんだろう」という疑問は解けない。さらに、島前高校に連れて行かれて「ここで働いてください」と告げられた。町教育委員会で働くと思い込んでいたため、混乱し、青くなった。何が求められているのかも見えない不安が一気に押し寄せる。そもそも、高校で働く社会教育主事など聞いたことがない。着任した四月一日。席は、高校の職員室の中に用意されていた。とはいえ、高校の教員もよくわかっていない様子で、「この人は誰?」という視線を感じた。知っている人もいない。三日目で辞めたくなった。

数日後に行われた入学式では、新入生はわずか二八人という寂しさ。島前地域の中学卒業生の半分以上となる五五パーセントが、島前高校以外の高校に出るという危機的な状況。さらに、学級減により、三年前に比べ教員数は約四割が削減されていた。教員は一九人から一二人にまで減り、その上、主事や実習教員、図書館司書もいなくなっていたので、学校全体から余裕が完全に消えていた。


浜板はすぐに、大きな壁に突きあたる。「お前は海士町のスパイか。こっちに来い」。五月、西ノ島町の関係者に、呼び出された。内航船に揺られ、たどりついた西ノ島町の居酒屋で、正座して相手の言葉に耳を傾けた。「なんでお前は海士町の肩ばかり持つのか。こちらの立場や意向を尊重しなさい。協力してもらいたかったら、こちらにもっと顔を出しなさい」。浜板は初めての業務に慣れるため、海士町にはりつき、西ノ島や知夫まで行けていなかった。これまで出身地である西ノ島ではずいぶん目を掛けてもらっていただけに、「身内に裏切られた」ように感じさせたのかもしれない。浜板は頭を下げた。「すみません、毎週来ます」。酒を酌み交わすうちに、雰囲気は和らいだ。その後は、定期的に足を運び、信頼関係を築くことを心がけた。

三町村の間には、目に見えない壁があった。魅力化に向けた構想を議論するために設けられたワーキングチームでも、第一回会合で浜板が今後の流れなどを説明したものの、前向きな提案や発言はあまりなく、「いい構想を皆でつくろう」という雰囲気からは、かけ離れていた。説明したはずの西ノ島の出席者に「俺は聞いてない」「これ、おかしくないか」と引っくり返されるなど、浜板はいつも怒られ、謝ってばかりいた。表立って反対していなくても、内々では「あれはうまくいかない」と冷やかな会話が交わされているのも耳にした。三町村の独立心の強さや、生徒数の減少に歯止めをかけるという前例のない、一見無謀にも見えるプロジェクトの目標の高さが、そうさせていたのかもしれない。

学校と魅力化プロジェクトや三町村をつなぐという自分の業務がよく理解できず、誰もその仕事の意味や役割を説明してくれない。浜板自身、やりがいを感じていた小学校教員から、高校にいる社会教育主事という訳のわからない立場に変わったことが、受け入れられなかった。ふと「職員室にいるのに、なんで授業ができないのか」と空しさが募る。加えて、着任当初、目にした資料の一文が引っかかっていた。「海士町の存続のために」と書かれていたのだ。次に見たときには「三町村」に変わっていたものの、「結局、三島って言っているだけで、海士のためなのか」という蟠《わだかま》りがとけなかった。周囲に「味方」と思える人はおらず、居場所がない。辞めたくて仕方がなかったが、家族もいるだけに、辞められない。辞める

模擬裁判で被告人を演じる浜板

理由を常に探し、体調を崩せば辞めさせてもらえるのではないかと思うこともあった。ただ、酒の量が増えても、頑丈な体は、びくともしなかった。酒を飲み、脱いで踊っては、ストレスを発散させた。

岩本の苦悶

島に移住してから一年が経った岩本も、不安と焦りが膨らんでいた。ワーキングチームが立ち上がり、浜板が着任するなど、プロジェクトが少しずつ始まったものの、前向きさや協力的な雰囲気を周囲からほとんど感じることができず、孤立感を深めていた。そんな中で、改革構想を描いていかなくてはならない。そして、描くからには、自分がそれをやらなければいけなくなる。

事前の資料集めや叩き台の作成、議論のとりまとめなどは岩本が担っていた。作業は山ほどある。教育行政に関する知識がなかったため、制度や法律も一から調べなくてはならない。しかも、日本のどこを探してもモデルは存在せず、ゼロからの作業だ。教えてくれる人もいなければ、気軽に聞いたり相談できる相手もいなかった。加えて、教員数が減り「猫の手も借りたい」という教員からの要望を受けて、英語の授業を新たに受け持つことになった。慣れない授業準備にも追われ、何から何まで初めての仕事で、日付をまたぐことは日常茶飯事であり、徹夜も珍しくなかった。周囲が口にする「大変だ」「忙しい」といった言動を聞くと、「どっちが大変だと思ってんだ。よくその程度で忙しいなんて……」と静かにイライラした。深夜に一人で作業をしていると、だんだん腹が立ってくる。否定的な声や、冷淡な態度を思い出しては、「あんたたちの島や学校の問題なんだから、あんたたちがもっとやるべきだろ。なんで、この島やこの学校に縁もゆかりもないヨソモノの自分が、一人でこんなことやってんだよ」と空しくなった。

アイデアがあっても自分で何一つ決められず、何一つ動かせない状況がもどかしかった。成果が出ないところで時間とエネルギーを浪費しているのではないか。同じ時間とエネルギーをかけるなら、もっと人の役に立てる役割があるかもしれないのに。ここから大きく変えていけるのか。この高校に未来なんてあるのか。島に来て、本当によかったのか。疑問が腹の底に沈殿していた。

一方で、呼んでくれた山内や吉元たちの気持ちに応えたいという想いはあった。また、町議会で説明をするときに、議員たちが「大変だけど、がんばれよ」と応援してくれることが、大きな励みになった。

島前神楽を舞う岩本

岩本はアメリカの大学院に在籍して、リーダーシップ開発や学習理論について学んでいた。普段は夜中にＩＣＴ（情報通信技術）を使ってディスカッションやレポート制作、年二回ほどアメリカへ通う。そこで、今の現状や自分たちが進めていることを、長い時間軸や広い視野、新たな理論で捉え直していた。「今までのシステムを変えようとするとき、新たな道を切り拓こうとするとき、必ず反発やコンフリクトがあるものだ。だからこそやる意味がある」。そして、「リーダーシップは苦難や修羅場の中で磨かれる。

今はまさにその試練のときだ。ありがたい」。そんなふうに考えることで、岩本は自分自身を支えていた。

それでもストレスがたまると、深夜一人で、習いはじめた島前神楽《かぐら》を海に向かって舞った。目の前に見えるのは、空と海だけ。舞いを通して、自分を離れ、心を整えた。

吉元の悩み

岩本を呼び寄せた吉元も、心配は尽きなかった。都会育ちの岩本が、島の文化に合わせられるのか、不安だった。岩本はときどき「ファシリテーション」や「リノベーション」だの横文字をしゃべる。「カタカナ語は、この島では通じんけん」と戒めた。また岩本は、何かの会に参加するとき、その会の目的や意味、終了時間を聞く。「目的や意味は、はじまる前にわからなくても、終わったあとでわかるもんだわい」「会の開始は主催者が決めるが、終わりは、その〝場〟が決める」と諭した。その他にも、「年配には、説明や説得ではなく、相談やお願いという姿勢で臨まんといけん」「非の打ち所がない話をするより、課題や困っていることを伝え、同情や応援をもらった方が得」「すごい人と思われるより、いい人間だと思われることが大事」「効率性や生産性では測れないものがあるから、一見ムダと思うことを大事にせんといけん」「一人では弱い。最低三人」「トイレには神さまがいるから、常にきれいにせんといけん」「家の中に鬼が来るから、嫁には逆らってはいけん」など、島でいい仕事をするために大切なことを教えた。

逆に、吉元も岩本から海外の理論を教わった。特に、ハーバードビジネススクールのジョン・コツター教授の「変革の8ステップ」やマサチューセッツ工科大学（MIT）のダニエル・キム教授の「成功循環」などは、吉元の考えをうまく言いあらわしたモデルだったので、吉元もよく活用した。

吉元は、「いい結果を生み出すには、効果的な行動が必要で、そのためには、多様で深い思考が重要であり、その前提にはまず、チームの関係性や人間関係の良さが不可欠」という成功循環の理論をもとに、直会《なおらい》（酒宴）を大事にしていた。

吉元も、岩本が地域に入ろうと、島前神楽を学んだり、地区の行事や宴席に参加していることはわかっていたが、いつ「もうやめる」と言い出されるか、それを一番恐れていた。吉元は、二次会ではときどき岩本の前でシャ乱Qの『いいわけ』を歌いながら踊り、誰もが孤独を抱えて戦っていること、そして男にとって言い訳せずにカッコつけることの大切さを、さりげなく強調した。

変革の8ステップ

1 緊急性の明確化と危機感の醸成
2 強力な変革推進チームの結成
3 ビジョンの策定
4 ビジョンの伝達と共有
5 ビジョン実現に向けた権限付与と支援
6 短期目標の設定と達成
7 成果の定着と更なる変革の促進
8 新たな行動様式を根付かせる

成功循環

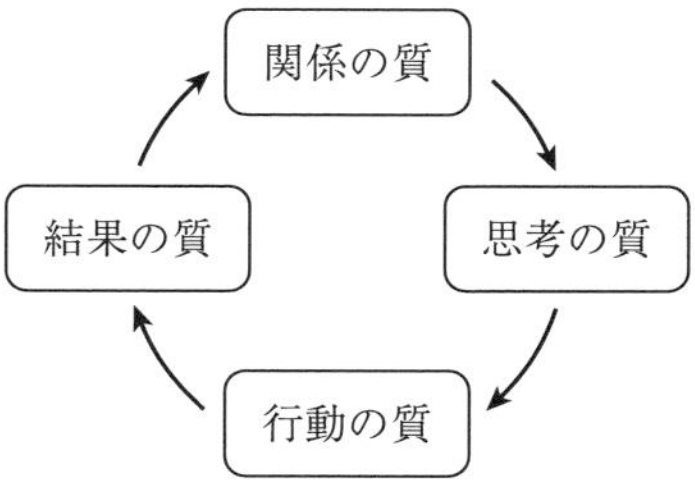

弱みを強みへ

岩本らのワーキングチームは、構想

を考えるとっかかりとして、島前高校の生徒、保護者、教員へのアンケートを実施。「島前高校の課題、弱み、改善点は何ですか」との問いに対して、多かった答えは「勉強する雰囲気がない」「刺激・競争が少ない」。そのほか「人間関係が変わらない」「やりたい部活がない」「のんびりしている」「理科の科目がなく進路が限られる」なども多く挙げられた。島前三中学の生徒、保護者、教員対象のアンケートでも、「学力・進路保障」が突出して求められていることがわかった。学習支援の強化やキャリア教育の充実が、魅力を高める大きな要素であることが裏付けられた。

『いいわけ』を歌って踊る吉元

そのためには教員の数を増やすことが欠かせないが、教員数は標準法で決められているため、前提となる生徒数を増やし、学級数を二クラスに戻すことが必要だ。魅力的な学校になることで、生徒が集まり、学級数が増えれば、教員数も増え、科目選択もできるようになり、各授業も専門の教員による指導を受けられ、また部活動の数も増え、島外へ出る生徒は減る。島前高校が陥っている「悪循環」を「好循環」へと、転換させることができる。一方、島前高校の施設規模や条件から考えると、多すぎても無理が生じる。現在の一学年一クラス三〇人規模から、一学年五〇人程度の二クラスを目指すことが適切だろうと結論づけた。

時間を見つけて岩本は、島根県内トップの進学校へ学びに行った。「受験は集団戦」という考えのもと、国公立受験に向けた「センター試験」が学校行事のような扱いで、そこに生徒も教員も全員で向かっていく体制。「学校が全部やるから、塾なんかに行く必要はない」「教員を信じて、言う通りにしていけば、国公立大学合格を保障する」といった空気。生徒が受ける大学・学部も教員が決め、東大や旧帝大に何人合格させたということがステータスであるかのような雰囲気さえ感じた。島根の伝統校の古典的な在り方を目の当たりにして、「すごい！　こんなことをやっている学校が、今どきあるんだ！」と驚いた。それとともに、すぐに浮かんだのは「島前高校はこの真逆をやればいいんだ」という考えだった。

島前高校は、生徒の学力も進路も多様なのだから、全員が同じ方向を向いて、同じ試験を受ける必要はない。大学合格という共通の出口に向けた指導ではなく、生徒一人ひとりの想いからはじまる学び。国公立大学に何人という数字を大切にする学校ではなく、一人ひとりの多様な夢や能力を伸ばす学校を目指せばよい。そう考えれば、これまで「小規模校」という弱みに捉えられがちだったことが、逆に全教員が全生徒の顔と名前や性格まで把握している「少人数教育」という、圧倒的な強みに転換できる。

入試で測定される学力に加え、社会で評価される人間力も育てようと考えれば、教室の中で、一人の教師が、教科書で教える勉強だけではなく、現場の中で、多様な大人から、体験や実践を通して学ぶ時間もあった方がよい。そう思った岩本は、他の総合学科や専門学科を持つ高校なども見学してまわった。大きな農園や、船、機械など施設設備が充実し、農業、情報、水産、工業といった専門の教員が揃っている高校を見て、痛切に思った。「五教科の教員もおぼつかず、理科の実験器具や音楽室の楽器さえまともに揃っていない島前高校で、これは無理。しかし、島全体を〝学校〟だと捉えれば、やれる」と。学校内になくても、地域にはもっといい施設や設備はたくさんあるし、本物の現場で経験を積んできたプロもたくさんいる。島前地域唯一の高校なのだから、島前地域全体をキャンパスと考え、学校外の人たちにも〝先生〟になってもらえばよい。目指す方向性がクリアになってきた。

ブーメランのように

岩本が統計を調べてあらためて驚いたのは、島前高校の卒業生が地元に帰って来ないことだった。島前高校の九五パーセント以上の生徒は、卒業と同時に進学や就職で本土に出ていき、その中で将来島前へ戻ってくる割合(Uターン率)は約三割程度にとどまっていた。現在の三〇～四〇代の残人口率(出生数に対して、現在住んでいる人数の割合)は、約四〇パーセント。島根県の平均(約八三パーセント)の半分以下となっている。今後の島前地域の自立存続を考えると、このUターン率を上げていくことが地域を持続可能にしていくための重要課題であることが見えてきた。

地元へ帰らない、または帰れない理由を尋ねると、多くが「島には仕事がない」「働く場所がない」と答えた。確かにそうなのかもしれないが、一次産業や建設業、観光業といった地域の既存産業が衰退している中で、仕事や働く場所を誰かが用意してくれるのを待っていたら、島はなくなってしまう。島前地域に長年続いてきた「若者流出 ↓ 後継者不足 ↓ 既存産業の衰退 ↓ 地域活力低下↓若者流出」という「悪循環」を断ち切り、「若者定住↓継承者育成↓産業雇用創出↓地域活力向上↓若者定住」という「好循環」に変えていくためには、地域のつくり手を地域で育てる必要がある。それは「田舎には何もない」「都会が良い」という偏った価値観ではなく、地域への誇りと愛着を育むこと、そして、「田舎には仕事がないから帰れない」という従来の意識ではなく「自分のまちを元気にする新しい仕事をつくりに帰りたい」といった地域起業家精神を醸成することで可能となる。そのことを踏まえると、島前地域唯一の高等学校である島前高校の存在意義は、地域の最高学府として、地域の医療や福祉、教育、文化の担い手とともに、地域でコトを起こし、地域に新たな生業や事業、産業を創り出していける、地域のつくり手の育成にあるといえる。

とはいえ、高校卒業時に島へ残るよう無理に押し留めるようなことや、「遠くへ行って欲しくない」と近場に抑えようとすることは、生徒たちの可能性の開花を阻害するので、すべきではない。島から出る生徒は、「手の届く範囲に」などと小さいことを言わず、海外も含めて最前線へ思い切り送り出す。ブーメランと同じで、思い切り遠くへ飛ばしてあげた方が、力強く元の場所へ還ってくるだろう。二〇代は外の激しい荒波の中でしっかり鍛えられ、自分で仕事を回せるだけの力をつけ、たくましい姿になって戻ってくる。無理やり帰って来させるでも、外でうまくいかないから仕方なく島に帰るでもなく、この島が好きで、ここでやりたいからと、自らの意志で地域を選ぶ。そして、自然豊かなふるさとで、世界とつながりながら、自己実現や社会貢献に大いに挑戦する。このような意欲ある若者たちが帰ってくることで、地域は活性化し、また教育に再投資できるといった、中長期的な循環が生まれる。理想は、この島前地域で必要な人材を島前高校から輩出し、人の

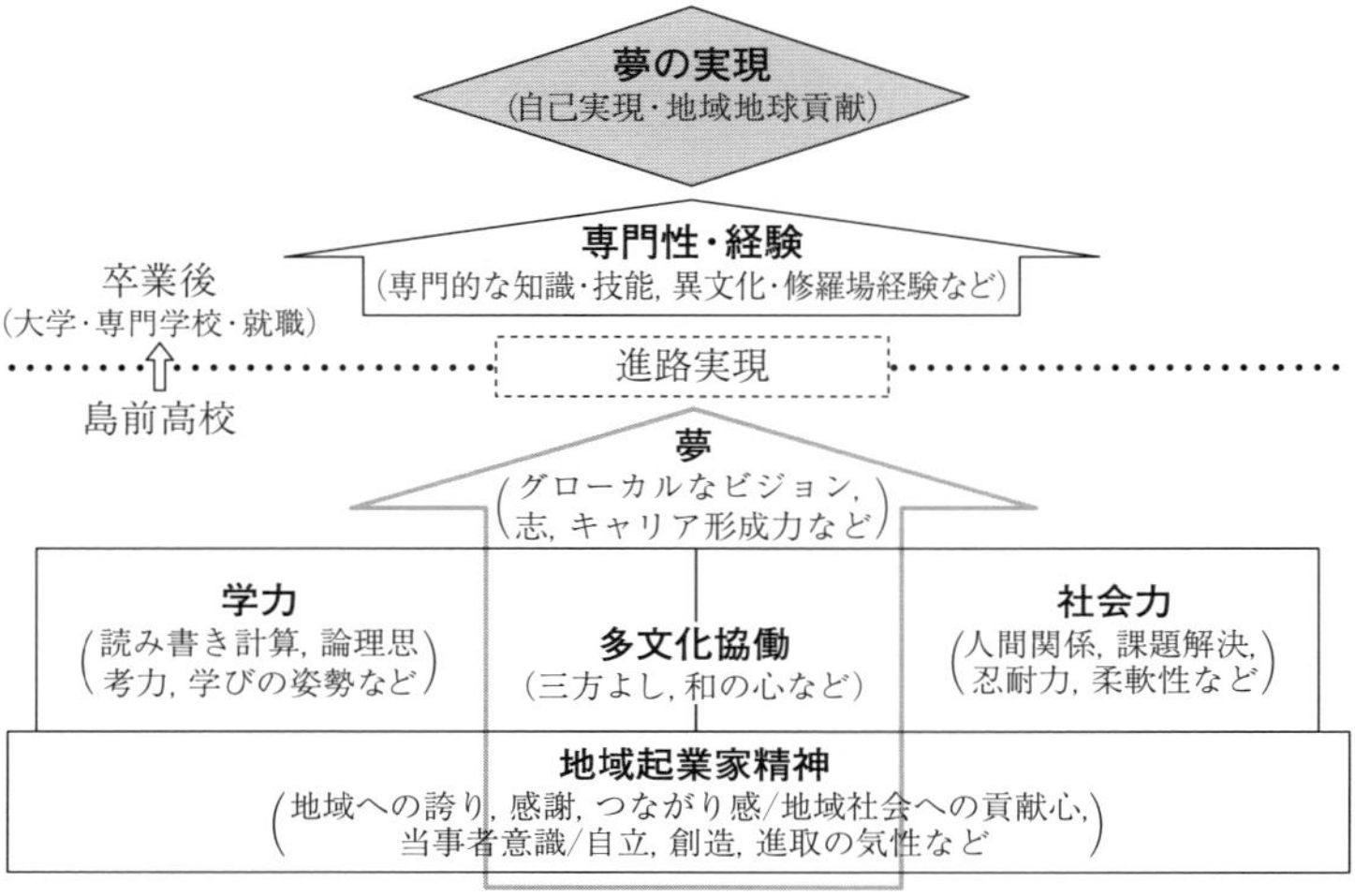

育てたい資質・能力

自給自足ができる状態である。

また、高校卒業までに島への愛着や誇り、感謝の心が養われていれば、将来地域に帰らなくても、島前の観光大使として隠岐をＰＲする、自分の店を持ったらそこで地元のものを使う、事業で成功したらふるさと納税をする、外から知恵や技術や人脈を提供するなど、どこからでもいくらでも地域に恩返しはできる。そして、この島で身につけた地域起業家精神や地域のつくり手としての力は、将来的には社会起業家精神を持った社会のつくり手として、どんな場所でも活用することができる。

先ず隗《かい》より始めよ

こうした試行錯誤の中で、少人数教育と個別指導により一人ひとりの夢に向けた進学に対応できる体制や、地域資源を活かし、地域社会で活躍できる能力を育てるコースの創設といった構想の輪郭が生まれつつあった。これらを岩本が見える形としてまとめ、ワーキングチームでさらに議論し肉付けしていった。そして、高校で合意を得ていく作業に取りかかった。前向きとは言えない高校で、どうやったら一緒になって取り組んでもらう雰囲気をつくることができるのか。これまでのやり方や発想を変える提案であるだけに、どうしても抵抗感や不安はあるだろう。きちんと理解され納得してもらう必要があった。

また、新コースの設置や地域との連携など、新たな取り組みに伴う教職員の負担増が課題となるため、県や国にかけあって教職員を増やす、ということも説明し、構想に書き加えた。しかし、教員がすぐに増える見込みはないので、岩本はこれまでの英語の授業に加え、教員数が増えるまでは自分が新しい授業を受け持てるようにと、公民の教員免許を通信制大学で取った。さらに家庭科の教員免許を取る準備も始めていた。

浜板は、掃除やコピー取り、遠足など学校行事の準備、学校便りの作成、ＨＰの管理、部活動のコーチなど教員の負担軽減になるものは何でも積極的に引き受け、教員の個人的な相談にものった。

吉元は、ほかの二町村に負担を求める前に、まず海士町が単独で岩本の人件費などを賄うことを提案し、実行した。さらに次年度からは「島まるごと図書館構想」に関連づけて、図書館司書の役割をする人員を、海士町から高校へ派遣できるよう準備を進めていた。ワーキングチームの会合などは、高校がある海士町だけでなく、西ノ島町、知夫村に出向いて行うなど、一緒に取り組む雰囲気をつくりあげていった。口だけではなく、「まず自分がやる」という率先垂範の姿勢を徹底した結果、魅力化プロジェクトの提案を受け入れる隙間が、少しだけ開いていった。

「変える」から「変わる」

岩本は、島に来てから、タバコを買うようになった。職員室に岩本が入ると緊張感が走り、ピリピリした空気が漂うので、まず喫煙する教員と職員室の外で関係をつくろうという思いがあった。いくら意味のある提案をしても、信頼関係がなければ聞く耳さえ持ってもらえないことを、島の生活で感じ取っていたのだ。とりあえず買うのはニコチン〇・一ミリグラムで、長いもの。煙が出ればなんでもよかった。休み時間に来る教員をとらえては、カリキュラムの話や生徒や授業のことなどを聞いた。教員との飲み会にはできる限り参加し、話に耳を傾けた。

あるとき岩本は、島の人も島根の教員も面と向かっては、人の良くない点や改善点を指摘しないことに気がついた。裏で思っていても、表には直接出さない。少なくとも岩本に対しては。だから余計に岩本は、自分の何を改めればよいのかわからず、もがいていた。そこで、岩本自身の「大学院での宿題」という名目で、学校の教員や役場の関係者、地域住民など十数人から、岩本の悪い点や直すべき点などについて、匿名で指摘してもらうようお願いした。

〔岩本の弱み・課題・改善点〕

個人プレー。自分のスタイルを曲げない。自分にできることは、他の人にもできると思ってしまう。自分が早くできても、ほかの人はもっと時間かかるよ。泥臭さがない。酒飲んでくだをまく事がない。人間味が足りない。仕事が多い。もっと地域に出て、人と出逢った方が良い。ヒント

は地域の中に転がってるよ。字が汚い。人を指で指さない。いつまで、島にいるの。などなど

岩本はグサグサ心を痛めたり、深々と頷いたりしながら、もらったコメントを読み終えた。今まで島や学校を変えようという意識が少なからずあった。それではだめだと思った。「外から変える」のではなく、「自分から変わる」。内から変わっていかないといけないと痛感した。岩本はもらった指摘はすべて公開し、それに対しての岩本の考えや変わっていく決意を、指摘してくれた人たち全員へ返していった。

浜板は、教員よりもカリキュラムについて詳しく調べ、勉強を重ね、複雑なカリキュラム案を何度も作り直しながら、構築していく岩本の努力をじっと見ていた。好きではない酒宴や喫煙、雑談にも岩本が付き合う姿も見て、岩本への見方が変わっていった。「プロだな。身を削ってでも、目的のためには徹底的に努力する。俺にはできない」。浜板は、学校に来やすいタイミングを岩本に連絡したり、話を進めやすくする環境をサポートした。吉元も、岩本の「しつこさ」に感心しながら、陰になり日向になり支えた。

チームシップ

三人はそれぞれの仕事を終えて深夜に集まっては、学校や三町村で起こった問題について協議した。「できない言い訳ではなく、できる方法を考えよう」を合言葉に、現場・現実志向の浜板、歴史・文化を重んじる吉元、理想・未来から発想する岩本、三者が心から納得できる解決策を常に探

した。議論の際は、浜板が持つ教員や生徒、学校の視点、吉元が語る保護者や、行政、地域の視点、岩本の持ち込む島外や社会、グローバルな視点など、三方それぞれにとって良い、「三方よし」を大事にしていた。対立や勝ち負けの構造から降り、敵や敗者をつくらない在り方、壁や溝を乗り越え、皆にとって良い、協働の道への模索。行き詰まったときは、一服や雑談も挟みながら、粘り強く話し合った。そうした対話を重ねるうち、三人の信頼感は深まり、一つのしなやかなチームになっていった。

魅力化チームは三町村の議会をまわって意見交換をしたほか、生徒や保護者、地域住民、高校卒業生らの声も盛り込んで、島前高校魅力化構想案を完成させた。「地域活性の一翼を担う学校」「一人ひとりの夢の実現」を理念に掲げ、夢と志の育成や地域を活かした課題解決学習など地域創造型カリキュラムの創設、学習コーディネーターなどを活用した学力向上とキャリア教育の充実、島内外へのPR活動の推進、国内外からの意欲の高い留学生の積極的な受け入れ、教職員数の確保など一〇項目。そして、二学級復活に向けた、島前地域内からの生徒入学率の増加と、島外からの生徒数の増加を魅力化の指標に定めた。人づくりや地域づくりの盲点であった高校を、人づくりや地域づくりの拠点と捉えた構想だった。

高校経営の地域主権の確立や、学校管理職の公募推薦制の導入、学科や専攻科の新設などは表から削られ、岩本にとってはだいぶ丸くなったように感じてはいた。それでも、今はこれが最善だと納得していた。この構想案は二〇〇八(平成二〇)年一二月、魅力化の会総会で承認された。

年末の飲みの席の二次会で、校長の石田和也は岩本に言った。「悠さん、新年度から高校の中に来るかね？」

今まで「部外者」であった岩本の席が、島前高校内に置かれることが決まった瞬間だった。「闖入者」だった浜板が校内で築き上げた信頼、岩本の粘り強い努力と、変わろうとする姿勢、吉元の巧みな後押しの賜物だった。岩本は島に来て三年目にしてようやく、高校に入ることが認められた。

船出

島前三町村長と校長らが合同で島根県庁を訪れ、県知事と県教育長に魅力化構想を提言し、記者会見で発表する日は、翌二〇〇九(平成二一)年二月一七日に決まった。

その前夜、岩本、浜板、吉元の三人が例のごとく、集まった。発表する提言書がまだ完成していなかったのだ。岩本が執筆し、浜板と吉元ができた原稿を読んでは、疑問や修正点を伝え、また書き直す。日付は変わっても、推敲、修正作業は続く。焦る岩本と浜板に対して吉元は一言、「人生は、思い出づくり。これもいい思い出だわい」と諭した。

原本を完成させた上で、持参する三〇部を冊子の形にしなくてはならない。修正を終えた原稿から、浜板と吉元が誤字脱字をチェックし、部数分をコピーして、綴じる下準備を進めた。

いよいよ岩本は提言書の最後、「おわりにかえて」に突入した。この提言の肝は、全国一律の基準で学校に配置する教員数を定めている標準法の改正だと、思い定めていた。魅力的な高校づくりに向けた構想を皆で描いてきたものの、現行の標準法にもとづいた教員の配置では、画餅に帰す。それどころか、標準法が本来目的とする教育水準の維持向上はおろか、教育の機会均等も達成できない。それを変えるために、岩本たちは教職員定数の充実に向けた標準法特区を内閣府に申請し、文部科学省などに何度も足を運び、局長や事務次官にも直接要望してきたが、実現には至らなかった。それでもあきらめるわけにはいかなかった。これまでずっと抱えてきた問題意識を、二ページにわたって書き綴った。

提言書の最後、「おわりにかえて〜島前発　日本を変える〜」の章を、こう締めくくった。

昭和三三年、教育の機会均等という理想のもと、僻遠の孤島島前から狼煙を挙げ国の法文を改正させた島前高校と島根県が、半世紀の時を経て再び、進取の気性で立ち上がるときが来ている。

五十数年前、全日制となるために、島前地域と高校が県と国を動かし、法律とともに全国の分校の流れを変えた歴史と、今と未来をつなぎ合わせたのだ。課題先進地であり、最後尾とも言われる島前地域から、社会を燈す。当初から貫いてきた想いでもあった。

原稿を完成させ、三人の連携プレーで必要部数をすべて綴じ終えたのは、朝の六時を回っていた。「何とか間に合った！　いい思い出だぁ」。最初はバラバラだった三人が、力を合わせて乗り越えてきたこれまでの苦労がよみがえり、胸がいっぱいになる。戦友のような一体感を共有したのも束の間、船の時間が迫っていた。慌てて自宅に戻って着替えを済ませ、高速船に乗り込む。
ついに船は出航した。

5)交流の促進

国内外から意欲の高い留学生を受け入れ，多様な価値観や異文化と関わり，人間関係を構築する力を高める機会をつくる．また，海外や都市部との交流や留学支援体制を作り，グローバルな視点も身につく教育環境を整備する．

6)寮の活用

寮を県から町へ管理委託し，教員の負担を軽減する．また，地域住民や島外の有識者等との交流の機会や，社会や自分自身の生き方等について考える座談会なども適宜設けるとともに，学習・生活習慣を確立する全人教育の場として島内の生徒も一定期間入寮できるようにする．

7)島内への PR

中高連携や高校生による観光 PR 等を積極的に行い，島前高校の状況や魅力をしっかり発信し，地元生徒の入学率を高めていく．また，島前高校に通う生徒に対して島前内航船を無料として，通いやすい環境をつくる．

8)島外への PR

生徒数の確保に加え，島前の生徒に新たな刺激を与え学校の活性化を図るために，全国から意欲の高い生徒を受け入れる．そのためにホームページや動画等の PR 媒体を充実させるとともに，OBOG や出郷者などとのネットワークも活用する．

9)教職員数の確保

町村採用のスタッフの配置や教員加配等を進めるともに，国に対して「公立高等学校の適正配置及び教職員定数の標準等に関する法律」の改正を求め，離島の状況に配慮した教職員数の配置を実現する．また，二クラス化を実現し，魅力ある教育活動が充分に行える教職員数を確保する．

「隠岐島前高等学校魅力化構想」概要

理　念

島前地域とともに歩む高校　一人ひとりの夢の実現を目指して

指　標

1　島前三町村からの生徒入学率の増加

2　島外からの生徒入学数の増加

施策の概要

1)魅力的なカリキュラム編成

一人ひとりの夢の実現に向け，国公立大等への進学ができる特別進学コースと，地域人材や資源を活用し多様なニーズに対応できる地域創造コースを創設する．また，地域を舞台にしたインターンシップや課題解決型学習等を通して，島前の未来を担う人材の輩出を目指す．その後，地域資源を活かした専門学科や専攻科の設置も検討する．

2)学力向上とキャリア教育の充実

学習支援コーディネーターや学習ボランティア等を活用し，放課後や土日で個別・少人数での手厚い学習支援により学力を高める．また，キャリアカウンセラーを配置し，早い段階から夢や進路を考え，学習意欲を高め，夢の実現に向けて取り組んでいけるようなキャリア教育を推進する．

3)部活動の魅力化

遠征費の補助や，外部指導者の活用を進め，部活動の強化を図る．また，総合型の部もつくり，島ならではの海を活かした活動や文化系の活動もできるようにする．長期休暇中は島外からの部活動やスポーツ合宿も誘致し，島外に出なくても合同練習や試合ができるようにする．

4)地域との連携

島内外の人による島前高校の応援団や人材バンクをつくり，高校魅力化に多くの人が参加できるようにする．授業や部活動等で地域の伝統芸能(神楽や民謡など)の学習や郷土研究を行う．

第3章　ヒトツナギ

島前高校の授業風景（武藤立樹教諭）

試されごと

二〇〇九(平成二一)年四月のある日、職員室内にできた自席で作業をしていた岩本は、突然校長室に呼び出された。校長の石田は岩本に一枚のチラシを見せた。「悠さん、これ、やってみるかね?」。中身は「第一回観光甲子園」。高校生が自分たちの地域の観光プランを考え、応募する全国コンテスト。審査を通れば、八月の神戸での本大会に招待され、グランプリには三〇万円の賞金もある。

石田は他校の校長から「島前高校もやってみては?」とチラシをもらったという。「やります」。岩本は即答した。頼まれごとは、試されごと。今準備をしている、地域の課題解決学習を導入する「地域学」の構想にも合致する。何より、生徒と一緒に新しい挑戦ができる初めてのチャンスでもあった。

ただし、石田は条件をつけた。「ほかの教員は巻き込まないでほしい」。教員数が減ってただでさえ忙しいのに、教員の負担をこれ以上増やしたくないという配慮だった。そこで岩本は、この四月から校内の図書室に巡回してくるようになった花房育美に目をつけた。花房は芸術大学を卒業したての二二歳で、島に移住してきたばかり。教員ではない。ほとんど閉館状態だった図書室に半日ほど来て、司書のような役割を担っていた。岩本はこの図書室を拠点に、生徒と年齢も近く感性豊か

第一回観光甲子園のチラシ

な花房とタッグを組んで、甲子園を狙おうと考えた。花房が前衛で生徒と向き合い、岩本が後衛でフォローする布陣をとった。

ひとあつめ

職員会議で説明すると、「誰が指導するんですか？」「何かあったときの責任は？」「教員以外が担当するのに、学校を使わせていいんですか？」。さまざまな疑問を投げかけられたが、校長の後押しで何とかスタートラインにつけた。

まず、全校生徒が三島それぞれを歩きまわる毎春恒例の学校行事「歩こう会」を、生徒が新たな観光資源を探す「島の宝探し」に衣替えした。その後、全校生徒が見つけ出した「島の宝」をもとに二年生がグループごとに具体的な観光プランを考え、五月には出前授業として招待した島根県教育長たちの前で発表して、アドバイスをもらった。こうした下準備を踏まえ、岩本は二年生に「みんな〜、甲子園に行きたいか〜！　小さな島から日本一をとるぞっ！　賞金は三〇万円。志ある者は、放課後、参集せよ！」と呼びかけた。

たくさん集まるだろうな、と期待していた岩本は、見事に裏切られた。一人。それも島の子ではなく、関西から越境入学をしてきた畑中晨吾《しんご》だけ。部活動の県大会を控えた忙しい時期だったことに加え、「地域」や「観光」に興味ある生徒はほとんどいなかった。さらに、第一回目ということで海の物とも山の物ともつかないイベントであり、校内で正式に位置づけられてもいない「わけのわからない活動」に巻き込まれたくない、そんな空気もあった。生徒一人では、応募要件すら満たしていない。二年生の担任に相談したところ、部活に入っていない生徒三人が新たに加わることになった。その中のひとり柏原正吾《しょうご》は、担任から「部活もやっていないことだし、何か一つぐらいやった方がいいぞ」と勧められ、「しょうがないか」という気持ちで参加した。何とか応募要件を満たす人数が揃った。

島の秘宝

観光プランづくりに向け、まず花房は四人に聞いた。「島の魅力って何だと思う?」。「うーん」と下を向き、なかなか言葉が出ない。重苦しい沈黙が続いた。ずっと島で生まれ育った正吾らにとって「当たり前」の日常の風景や物ばかりで「島の魅力」と急に言われても、思い浮かぶものはなかった。島に来て一年足らずの晨吾も、思いつかなかった。「どうしようか……」。

わからないなら、見て、聞いて、感じて、探すしかない。花房が車を運転し、四人を連れて島をまわった。Iターン者や地元の人に会ったり、観光スポットを訪ねたり。最初は島の景勝地や名所・旧跡を紹介するツアーを考えてみたが、観光協会のスタッフに「これではおもしろくないよ」と一蹴され、やり直しになった。

ある日、都会からのIターン者が「島には確かに富士山のような誰でも『わーっ』っていうわかりやすい観光名所はないけど、島民は優しいし、人が魅力的で感動した」と話してくれた。それを聞いた晨吾が語り出した。「僕は、初めてこの島に来たときに出会った大人たちが熱くて、おもしろかったから、この島の高校に入ろうと思ったんだ。自然が少ない都会では〝自然体験〟ツアーが人気になってるけど、都会では人のつながりも薄いから〝人間体験〟ツアーも喜ばれるんじゃないかな」。

正吾は「そんなにここの人って、魅力的なのか」と驚いた。確かに、言われてみれば、登下校で、近所のおばちゃんと「ただいま」「おかえり」と当たり前のように笑顔をかわす。都会では、そんなことはないのかもしれない。「失恋して落ち込んでいたときに、近くの商店のおばちゃんが『まあ人生いろいろあるからね』とパンを何個もかごに入れてくれた。すごく元気をもらった」という声も出た。見過ごしていた「宝」に、スポットライトが当たりはじめた。

知夫里島での宝探し（一番右が花房）

お客の想像

次の課題は、この観光プランのターゲットを誰にするか。花房がアイデアを引きだそうと「みんな、旅行でどこに行ったことがある？」と聞くと、地元の三人は「松江のショッピングセンターは行きます」「修学旅行で東京に……」「テーマパークとかは行ったことないです」。晨吾以外は、旅らしい旅、観光らしい観光をしたことがなかった。「これは、背伸びをしても無理だ」。頭を抱えた花房は「等身大の自分たちから出発するしかない。自分が行くならどういう旅がいいかを考えよう」と方向転換することにした。

さらに、具体化するためのヒントをつかもうと、今の生活に何か足りないものはないかと尋ねた。相変わらず「えーっと」と言ったきり、沈黙が流れる。「あの」と言った後の言葉が、聞こえない。「なんかあるでしょう」と丁寧に根気強く、耳を傾ける花房に、一人の生徒がぽろっと漏らした。「クラス替えをしたことがなくて……」。保育園のときから高校まで、ずっと一クラス。人生で「クラス替え」というものを経験したことがなかったのだ。花房は、引っ込み思案の島の子どもたちが実は、新しい人間関係をどこかで求めているのを感じた。さらに聞いていくと、去年、環境学習の一環で島外の高校生との交流活動に参加して、新しい出会いがあったことが楽しかった、そして、そこで出会った子とは、今もメールでつながっているという。「確かに、外の子との交流はいいかも！」。笑顔がのぞいた。「島外から来る子と島の子が、新しいつながりをつくる旅だったら、私も参加したい」。島外の生徒と島内の生徒が一緒に参加し、島の人たちと出会い、交流し、人とのつながりをお土産に持って帰るツアーという、企画の輪郭が見えだした。

大人の本気

花房は、生徒の長い沈黙に付き合い、忍耐強く生徒たちの言葉を待った。自信なさそうな小さな声の中に確実にある、きらりと光るアイデアを見逃さないようにした。しかし、思っていることをなかなかうまく口に出せない島の子たち。もごもご、ぼそぼそしているうちに、時間が過ぎていく。

週二回のミーティングは、自然と延び、下校時間の午後六時半には終わらない。学校を出た後は、公民館などに場所を移して活動を続けた。分担を決め各自で宿題を持ち帰り、翌日また話し合う。焦る花房は、毎日のように「自分で考えて、明日までに案を出して」と携帯にメールを送った。正吾は「今日も放課後まで残って、やらないといけないのか。学校の宿題もあるし、帰りたいなあ」と気が重かった。土曜日、日曜日も呼び出された。ほかのメンバーも、よく「帰りたい」と口にしては、花房に怒られた。それまで部活もなく、午後四時には帰宅していた子どもが帰ってこなくなり、遅いときには午後九時も過ぎる。親が心配しだした。「勉強する時間が削られている」「牛の世話があるのに」といった不満に加え、「うちの子がかわいそうだ。つらい、お腹が痛いと言っている」「なんでこんなにやらせるのか」という声も寄せられた。校内からも「学校には学校のルールがあるから」と釘をさされたが、花房と岩本は丁寧に謝りながらも、いいものをつくることへのこだわりは変えなかった。

この頃は、生徒よりも花房と岩本の方が本気だった。生徒たちの何倍もの時間をこの観光プランづくりにかけていた。夜、進捗の確認を行い、彼らが書いた生煮えのアイデアや企画書を添削した。観光や交流の先進事例など参考になりそうなものを調べ、次の日に生徒たちへどんな問いかけや投げかけをするかを話し合った。彼らの言葉にならない思いを整理して言語化するだけでなく、生徒の中に入って一緒にアイデアを出し合うことや、生徒がいいかげんな態度のときには「ええかげんにせえよ」と怒りを爆発させることが何度もあった。それでも、生徒自身の秘めた思いや可能性を引き出そうとする姿勢だけは、ぶれずに大切にした。

花房の意地

「どうしたら、初めての参加者同士がつながり、交流できるようになると思う?」花房が聞く。「うーん。最初は大人数で、一緒に何かしたら、交流がはじまるかも」。ツアーの初日は、全員で楽しい歓迎会をすることになった。何か歓迎の伝統芸をすれば場が和むし、島前地域に興味を持つのではないかというアイデアが出たものの、すぐに「えー、そんなのできない」となる。「何かできることあるでしょ、ほら、何か」。花房が促すと、一人の生徒が「わたし、巫女舞ぐらいしかできないし……」と消え入りそうな声を出した。「え、なにそれ、島前神楽できるの。すごいじゃん、それやろうよ」。

自分たちだからこそできる「おもてなし」は何なのか、内気な自分たちがどうやったら人と仲良くなれるのか、この地域の人と家族のようなつながりを持つにはどうしたら良いか、一つひとつ、具体的に考え、組み立てていった。ツアーの名前は、「ヒトツナギ」。人と人とをつなぎ、心を一つにつなぐ「ヒトツナギ」に決まった。

第一関門となる書類選考に応募した。第一回観光甲子園には、全国から一五七プランの応募があった。このうち本選に進めるのは、わずか一〇プラン。ここで落ちれば、すべて終わってしまう。選考結果が出る日の昼休み、全員が図書室のパソコンの前に集まる。お互いの心臓の音が聞こえてきそうだった。結果が掲載されたページを開く。そこには、島前高校の名前があった。「えっ、ほんと!?」「あーっすごい!」。歓声があがった。メンバー四人と花房、岩本が一文字ずつ大きく、

「目指せ甲子園」と書き、図書室に貼った。八月二三日の本選に向け、ここからが本番だ。

花房には、意地があった。本選に進む一〇校に選ばれ「すごい」という声の一方で、「書類選考なんだから、どうせ、花ちゃんと悠さんが書いたんだろ」という声を校内で耳にしていた。嫉妬も背景にあると想像できたとはいえ、生徒たちの力なのに「できない子たち」というレッテルを貼られてしまうのが、悔しかった。「本当はもっとできるのに」。本選の生徒によるプレゼンテーションで結果を出して、目に物見せてやろうと心に誓った。

子どもの本気

完成度を高めるには、人前で発表するのが一番だろうと考えた花房は、発表の機会を意識的に設けていった。プレゼンテーションなどしたことのない生徒たちが、場数を踏めるだけでなく、見た相手からアドバイスももらえ、やる気や自覚が高まるからだ。だが、校内で発表した際には、終了後、拍手がおきるどころかシーンと静まりかえった。集まった教員たちの表情から「これで全国大会に行って大丈夫なのか」という不安が伝わってきた。「一から原稿をつくり直さないといけないか……」みんな、意気消沈してしまった。

そんなとき、花房の後輩で演劇をやっている友人が、島に遊びにきた。「ちょうどいい。発表の練習をしているから教えてよ」。その後輩の指導で、台本を演劇風に書き直し、舞台での立ち位置や表現の仕方の基本を教わった。流ちょうに発表ができないなら、劇にして見せればいいという発想の転換だった。正吾は「大舞台で発表するのに、中途半端なものは見せられない。自分が納得で

図書館で話し合う（中央司会が晨吾）

きるものにしたい」という思いを強くしていき、尻込みするメンバーにも「恥ずかしがったりもじもじするのが一番恥ずかしいぞ」と叱咤するようになった。

夏休みに入っても、毎日練習や話し合いを続けた。それでも、細かい部分は固めきれず、演技の精度も高まらないまま、本番の日は迫る。焦りは募る。そのうち、生徒同士のぶつかり合いがおこるようになってきた。他のメンバーへの不満を口にする生徒に、「自分がまずちゃんとしてから人に文句言えよ」と別の生徒が注意することもあれば、「こっちはこんなにやっているのに、あんたはやってないじゃない」と、面と向かってけんかをすることもあった。本気で向き合うようになったからこそ、怒りも湧いてくる。

プレッシャーとストレスの高まりにより、ついに事件が起こった。和歌山の実家に帰省した晨吾が「すぐ帰る」と言っていたのに、戻ってこないのだ。何度電話をしても、つながらない。「また出ない！」「どこに行ってんの！」。メンバーが心配し、交代で電話をかけた。晨吾も苦しんでいた。迫ってくる緊張感。周囲の期待。噂で、よそ者の岩本たちへの反発も耳に入っていた。「花房さんや悠さんが悪く言われるのは嫌だし、がんばらないと」。思えば思うほど、がんじがらめになり、体が動かなくなっていった。休みがない中で、疲れもたまっていた。それでも、ここで逃げたらかっこ悪いし申し訳ないという責任感と、みんなならう受け入れてくれるだろうという信頼感に後押しされ、島へ戻ってきた。本番まで一〇日を切っていた。

この頃から、生徒たちの目の色が変わってきた。自主的に何度も練習を繰り返す。「この言い方は違うんじゃないか」と、意見を出し合い、自分たちで台本を手直ししていく。「帰りたい」「もうやめたい」と弱音を吐いていた生徒の姿は、もうどこにもなかった。

会場となる神戸に到着後、その夜も翌日の早朝にも、ホテル近くの公園や港で通し稽古に取り組んでいた。本番直前には自発的に会場裏の運動場に集まり、一人ずつ順番に「絶対勝つぞー！」「やるぞー！」など腹の底から大声で叫び、最後は円陣を組んで、気合いを入れていた。以前なら、考えられない光景だった。

観光しない観光

本番。プレゼンテーションが始まった。島全体が国立公園に指定されていることや、名所・史跡が多いことを伝えた上で、宣言した。「観光名所には、行かせません」。「観光甲子園」という大会名に挑戦するような刺激的な宣言に、会場がどよめく。すかさず、観光名所ではなく、島前の最大の魅力である「人」を堪能し、人とのつながりを持ち帰ってもらうことを強調した。本土の中高生と島前の中高生一〇人ずつが参加することや、旅の企画・運営はすべて島前高校生が担当するというツアーの特徴を説明。「同世代の参加者に、僕たちの手で、島前の魅力を伝えます」と締めくくり、ヒトツナギツアーをイメージした劇が始まった。

ヒトツナギ
〜人との出会いから始まる君だけの島前三島物語〜
人見知りの自分を変えたくて参加する
島外の友達がほしくて参加する
島出身：りえ
神戸出身：あゆ
すごい!!
伝統芸能なんかできるの?!
カレーにサザエって初めて!おもしろいね!
!
あ、さっき神楽してた子!!
え?! 普通じゃないの?!
指令 太田さんを探せ!
乗せてください!
おうよ!!
太田さん…ですよね?
太田だよ。そうだ、今夜は泊まっていきなさい。
いつもありがとね
ほら、産まれた 名前をつけてやってくれ!
み
みこと! 命の大切さを教えてくれたから…!

生徒(白石真巳)が描いたヒトツナギの物語

中高生が島の人々とふれあい、つながりを深めていく。島の子はツアーを通して島の魅力を再発見し、島外からの参加者は島前を第二のふるさととしてまた帰ってくる。将来的にＵＩターンが増え、島前の観光業や一次産業を担う若者が出て、人口減少の歯止めにもつながっていく……。また、ヒトツナギを通して島前高校は、島内外からの入学生が増え、念願のクラス替えができるようになり、存続の危機を脱出していくことも訴えた。「最後に種明かしですが、実はこのプラン、僕らの実際の体験をもとにつくられています」。それまで流れていたＢＧＭが止まり、プロジェクターで映し出されていたパソコン画面も暗くなった。「ずっと島で生まれ育った私は、最近まで島の魅力なんてわかりませんでした。ただ、本土から来た中高生が『島前っていいね』と感動しているのを見て、島を見る目が変わりました。この感覚をもっと多くの島の子たちに伝えたい、そう想いました」。晨吾が続く。「僕は大阪の学校での希薄な人間関係の中で、孤独。引きこもり。人とのつながりを求めて島前にやってきました。そして、この島の人にたくさん元気をもらいました。だから今度は、かつての自分のような中高生を救いたい、そんな想いでこのプランを作りました」。そして、正吾が前へ出る。「人をつなぎ、心をつなぎ、そして僕らの想いを一つにつなぐ。ヒトツナギ」。最後は、全員で元気よく、声をそろえた。「島前へ、ござらっしゃい‼」。彼ら自身が等身大で紡いだ、世界でたった一つの物語。自分たちだからできることに徹してつくり上げてきたものだった。壇上の四人は、大きな拍手に包まれた。

一丸泣き

舞台上で晨吾は、緊張してはいたものの、心は落ち着いていた。本番では演技をしようとせず、自分が心から思っていることをありのまま伝えようと決めていたからだ。悩んでいるときに、親しくなった島の人に話を聞いてもらい、どれだけ元気づけられてきただろうか。多くの人たちに叱咤激励してもらいながら、これでもかというほど練習も重ねてきた。「ほかの高校が地域について勉強した内容を発表しているのに対し、うちは地域の人たちと一緒につくり、地域が応援してくれている企画。でも、おしゃれじゃないし、悪く言えば田舎くさい。飛び抜けて人くさいなあ」。晨吾は、発表が評価されるかどうか、自信は持てなかった。正吾も、あまりにも他校とは違うので「もしかしたら的外れかもしれない」と不安になっていた。次々と各賞の受賞校が発表されるが、島前高校の名前は呼ばれない。やっぱり的外れだったのか……。頼む……。晨吾や正吾たちは祈った。司会者の声が響く。「グランプリの文部科学大臣賞は……隠岐島前高校」。「わーっ！」「おーう！」。声にならない叫びが上がり、手で顔を覆う。生徒四人だけでなく、花房と岩本も泣いていた。

祈る生徒たち

目標にはしていたが、まさか本当にグランプリを取れるとは。しかも記念すべき、第一回の観光甲子園。「みんなとがんばってよかった」。うれしさがこみ上げてきて、涙がとまらない。

授賞式後、他の参加校や審査員との交流会が行われた。他校の先生や生徒たちから口々に「よかったよ」と声をかけられた。「第一回目にあんなのが出ちゃうと、次がやりにくいだろうな」と笑って話す大会関係者もいた。「旅行会社ではできない、島前高校だからこそできるプランだった」と、褒めてくれる審査員もいた。

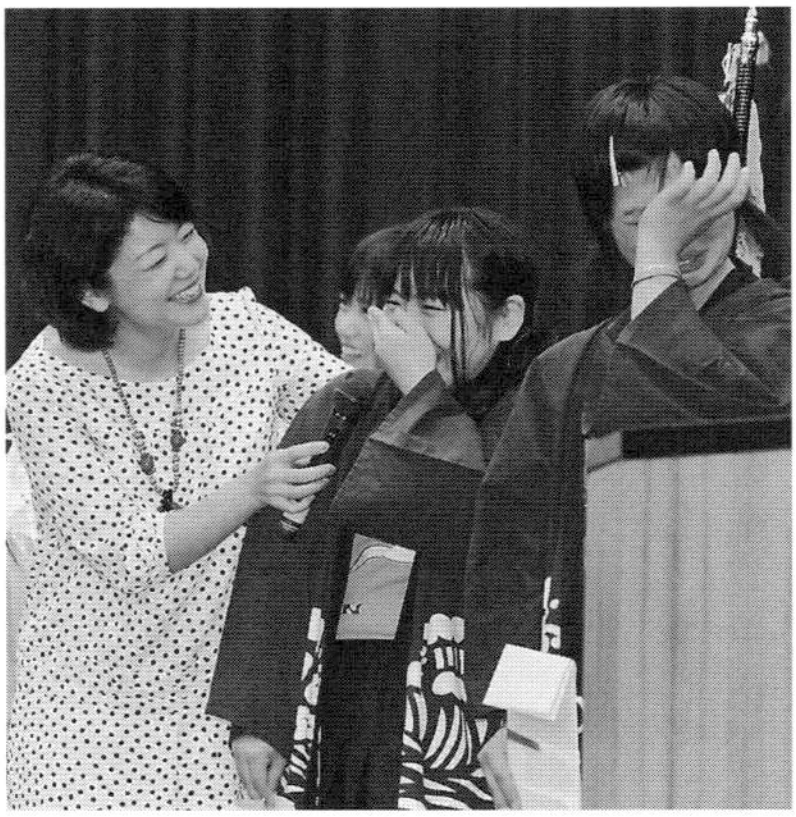

壇上で泣きじゃくる二人

一石

島は大騒ぎになっていた。電話連絡を受けた役場が「生徒たちが帰って来ます。皆さん港へ集まってください」と島内放送を流したので、生徒たちを乗せた高速船が着く頃には、港に人だかりができていた。「観光甲子園グランプリおめでとう」という大きな横断幕が三つも用意された。優勝旗を抱えて下船した正吾が、マイクの前に立った。「僕は、今までの一七年間で、『一番』になったことが、一度もありませんでした」。集まった人々が、正吾に視線を集中させ、次の言葉を待つ。「今回、人生で初めてとった一等賞が、『日本一』でした。皆さんのおかげです。本当に、ありがとうございました」。深々と頭を下げる姿に、大きな拍手が沸く。涙ぐむ人もいた。かつての生徒たちとは、別人のようだった。

親が花房にお礼を言う。夜遅いことを心配して「もうやめたら」と声をかけたこともあった親の一人も、「夜遅くまでやったかいがあったね。よく頑張ったね」と子どもをねぎらった。結果が出たことで、生徒が変わり、周囲の視線にも変化が見えた。後日、「うちの子はあれで一皮向けました。私も今まで待つということができず、過保護にしてきましたが、今回、待つことの大切さを学べました」と、感謝を伝えてきた親もいた。

島前高校勤務を志願し二度目の赴任であった教員の武藤立樹も、感動を抑えきれなかった。モノやカネではない、地域の「人財」に注目し、生徒たちが一生懸命、知恵を出し合ってつくりあげたプレゼン。直前まで「この部分が良かったよ」「あそこはもっとこうしたら」という熱の入った指導をする花房と岩本の姿に、共感していた。こうしたコンテストなどで優勝するのは生徒会などへ活発に参加する意欲が高い生徒や成績の良い子たちというパターンが多い。しかし今回は、必ずしもそうではない。その彼らが出て、グランプリをとって、感動的なあいさつをする。「えっ」というような驚きが、教員の中でも広がっていた。「子どもたちがこんなに変わるんだ」。生徒の変容を目の当たりにして、魅力化の取り組みに対し、教員たちの認識が変わる最初のきっかけとなった。

港であいさつをする正吾

松江の高校生からガイドを受ける

旅せよ学徒

「このヒトツナギツアーを実現させて、地域に恩返ししたい」。新たな挑戦が始まった。

八月末の文化祭で、メンバーがグランプリをとったプランを校内で発表した。それを見た西ノ島町出身で一年生の近藤弘志は「楽しそうだなあ」と好感を持ち、運営メンバーに参加してみようと思った。弘志と同じく西ノ島町出身の一年生、木村優介も「優勝したんだ、すごいなー」と驚き、昼休みにあった運営メンバーを募集する第一回の説明会に顔を出した。こうして、観光甲子園に出場した二年生の三人と、一年生五人の八人で、ツアー実現に向けた準備がスタートした。

しかし、花房は途方に暮れていた。観光甲子園のチラシに、「実現化」というような文言があり、何か支援してくれるものとばかり思っていたが、何もない。手元にあるのは、賞金の三〇万円。「生徒たちはその気になっているし……」。サポートがなくても、前に進むしかない。まずこの賞金を元手に、自分たちが「観光ツアー」というものを実際に体験してみようということになった。

一二月二五日から二泊三日で観光の体験学習旅行に出かけた。実際にプランを考えて発表した二年生メンバーと、新しく加わった一年生の間で温度差があったので、チームの心を一つにつなげること、そして、旅をする側の気持ちを体験し、自分たちのツアーづくりに活かそうという狙いがあった。同じく観光甲子園に出場し、優秀作品賞を受賞した松江市立女子高校の観光コースの生徒たちに依頼し、彼女たちの受賞プランを基にしたツアーに参加させてもらった。初日は伝統の紙すきによるはがき作りや、女子高生による松江の縁結びスポット回りを体験した。翌日は、大田市にある廃業寸前の旅館を学生たちが中心に立ち直らせて話題になった宿に泊まり、地域住民との農作業を通した交流を行った。客として参加したことで「おもてなし」や「交流」「つなげる」とはどういうことかを考えるきっかけになったほか、旅を通じて、チームの一体感も高まった。

味方は身近に

ツアー実施まで残り一〇〇日を切った一月中旬のある日、花房がまとめた「ＴＯ-ＤＯリスト」を見て、優介は初めて「もしかして、時間がない」と焦りを感じた。それまで花房と岩本が焦っていることは薄々感じてはいたが、初めてのことだけに、どれだけ大変なことなのか実感がわかなかったのだ。花房や岩本、吉元、浜板ら大人たちは、連日会議を重ねていた。旅行業法に抵触しないのか、実施主体はどこにするのか、お金はどうするかなど、実施する前提として考えないといけないことがあった。その上で、宿泊先、移動手段、食事のメニュー、行程と内容の詳細詰め、ホームステイの受け入れ先探し、参加者募集のチラシの作成や配布など、生徒たちが決めなくてはならないこと、しなくてはならないことが、山のようにあった。生徒たちで担当を分け、放課後や夜に集まって進捗を確認したり議論するのだが、準備は遅れ気味。魅力化の会の総会で、途中経過を報告したものの、あまりにも決まっていないことが多すぎて「実施はあきらめた方がいいのではないか」と危ぶむ声もあった。

それでも生徒たちは「絶対にやる」という気持ちを変えなかった。宿泊先は、社殿が国の重要文化財にも指定されている西ノ島町の焼火《たくひ》神社の社務所を使わせてもらえることになった。ホームステイ先も手分けして確保したほか、参加者もめどが立った。課題として残ったのは、食事。島ならではの美味しい食事を楽しんでもらえれば満足度は上がる一方、注意を怠れば食中毒などの危険性もある。担当の弘志は「メニューを考えればいいんでしょ」と悠長に構えていた。焦ってきた花房から「材料はどうするの。誰がこれだけの食事を作るの？」と突っ込まれ、言葉に詰まった。言われてみれば、ヒトツナギの参加者二〇人に加え、自分たちスタッフやサポートしてくれる人たちを加えると三〇～四〇人に上る。料理好きの自分が作ればいいというレベルの話ではなかった。

それでは、いったい誰に頼めばいいのだろうか。特に問題は、初日と二日目の焼火神社で出す食事の食材、調理スタッフ。小学校時代の恩師や同級生の親といった知人を頼りに、地元漁協などの協力を得ることができ、サザエや魚介類など食材の調達はできそうだった。しかし、それを調理する人が見つからない。三月に入ってからは、所属していたバレー部も休み、ヒトツナギの準備をしていたが、気付くと、開催まであと一週間しか残されていなかった。弘志の暗い表情に気づいたのか、母親が初めて「何に困ってるの？」と聞いてきた。それまでは特に、親子でヒトツナギについて会話をしたことはなかった。「実は調理する人がいなくて……」。素直に答えた弘志に、母親が力強く答えた。「たくさんの人の力を借りればいいわよ。お世話になればいい。集めるから、隣で話そう」。家の隣には、喫茶店があった。すぐに島のお母さんたち六人が駆けつけてきた。弘志がメニューとして考えてきた、島のサザエカレーや郷土料理が詰め込まれた焼火御膳などを作ることを全員が快諾。すぐに具体的な段取りの話が始まった。その手際よい姿を見て、弘志は心の底からほっとするのを感じた。

指令

もう一つ残されていた課題は、参加者が、島の人たちとふれ合い、絆を深めるための「指令」づくりだ。島の人の助けを借りながら「指令」をクリアしていく過程で、島内と島外の参加者同士も、つながっていく仕掛けだ。担当したのは優介。西ノ島、海士、知夫、それぞれの島ごとに三パターンの指令を用意する必要があった。

優介は弘志と毎日、授業が終わると、西ノ島に帰る内航船の最終便まで話し合った。西ノ島に着いてからも、午前一時ごろまで、港近くにある弘志の家で話を続けた。花房に電話し、考えた指令案を報告すると、「その内容ではあまり地域の人との関わり合いが持てない。もう一回考えて」と何度もだめ出しをされた。「仰しゃる通り」なので何も言い返せず、また練り直す。教員からある晩、弘志の自宅に電話がかかってきた。「もうちょっと気を抜いたらどうだ」。遠回しに、毎晩遅くまで作業していることを心配していた。弘志は「僕は大丈夫です。横に優介もいますから」とさりげなくかわした。とにかく必死だった。

それは、島のお母さんたちも同じだった。助っ人を引き受けてはみたものの、三〇〜四〇人分の食事が必要で、しかも、本番まで残された時間は少ない。誰が宿泊先の焼火神社に泊まって調理するのかなど、細かくローテーションを組んだ。運ぶ荷物を減らすため、サザエは先にゆがいて殻を外して持って行く工夫も子どもたちと相談する中で生まれた。「あんたも、地域の人にお願いしてまわって、ちゃんと協力者を増やしなさい」と母に指令をもらった弘志は、岩本らと一緒に島をまわった。住民も次々と応援団に加わった。使っていなかった布団をわざわざ打ち直して貸してくれる人もいた。弘志や優介ら子どもたちの「やるんだ」という情熱が、大人たちを動かしていた。

突然の嵐

本番前日、季節外れに冷え込み、雪が舞った。宿泊先の焼火神社は、島前最高峰の焼火山の中腹。かつては修験道の霊場でもあり、山道を二〇分ほど登らなくてはならない。子どもたちが布団や食材を抱えて交代で山道を登る。都会からの参加者が風邪をひいたら困ると、ホッカイロ四〇個のほか、火鉢やストーブも準備した。掃除をする手が、寒さで凍えた。

生徒たちが焼火神社を降り、西ノ島から島前高校へ戻ったあと、大きなサプライズがあった。アイドルグループ「嵐」のメンバーである松本潤が、旅本の企画の一環で、島前高校に顔を出したのだ。事前にまったく知らされていなかった女子生徒から、悲鳴のような歓声が上がる。早速、観光甲子園でグランプリをとったヒトツナギのプレゼンを披露。続く座談会で、松本潤は生徒たちの話にじっくりと耳を傾けた後で「つながっていないとできないよね。ほんとにすごかった！　応援してます。頑張ってください」と笑顔でエールを送った。そして、「この後、いろいろ島の魅力を楽しもうと思ってるんだけど、ここに行った方がいいとかないかな？」と訊くと、すかさず弘志が「今回のヒトツナギで使うお米をもらった農家の向山さんと、料理についてアドバイスをもらった波多さん。この二人に一番会ってほしいと思います」と答えた。

島の高校生たちと
ヒトツナギの旅。

『ニッポンの嵐』（発行／M. Co. 発売／角川グループパブリッシング　2011 年刊）

後日出版された『ニッポンの嵐』という本には、弘志に紹介された二人と松本潤が楽しそうに隠岐牛を食べている写真が掲載されていた。そして、この本の松本潤の章は「ひとつなぎの旅のはじまり。」という表題になっていた。

ご縁はじめ

三月二六日、本番当日。参加者は島前地域からの一〇人と、首都圏など島外からの一〇人。四泊五日のツアーが始まる。生徒たちは「ようこそ島前へ　ござらした！」と書かれた大きな紙を持ち、港で待ち構えていた。フェリーから参加者が降りてくる。隠岐へ来るのも初めてで、普段暮らす都会とはあまりにも違う風景に、興奮気味の島外参加者。島内参加者は、遠方からはるばるやってきた新しい友人たちにドキドキしながらも「仲良くなれるかな」と不安げな表情もにじんだ。

バスに乗り込み、宿泊場所となる焼火神社の麓に到着。山道のためスーツケースは持ち込めないと案内には書いていたが、スーツケースを持って来た参加者がいたので、優介たちが白い息を吐きながら抱えて上がった。航海安全の守護神として崇められている焼火神社の前では、溶け残った雪でこしらえた、小さな雪だるまが出迎える。参加者たちに、島のお母さんたちが「おかえりなさい」と声をかけたちょうどそのとき、日本海に夕日が沈み、見事なあかね色の空が広がった。「すごーい」「きれい」。島外からの参加者たちが感動し、競うようにカメラにおさめるのを見て、迎えた生徒たちからも笑顔がこぼれた。

その日の夕食は、島の名物サザエカレーと前日に採ったワカメのサラダ。弘志がサザエカレーの紹介に立ったが、緊張に加え、間違えず時間内に終えることに気をとられ、淡々とした説明になってしまった。参加者の反応はなかった。花房や母親からは「もっとはきはきしなよ」「楽しくやろうよ」と裏で励まされた。

優介は記録をとる撮影係を担当する一方、正吾や弘志らと一緒にタイムテーブルを見ながら、料理を運んだり火鉢やストーブを出したりと忙しく働いた。参加者が寝てからも、スタッフは打ち合わせや翌日の準備に追われ、終わったのは午前三時頃だった。

島のヒーロー

二日目は「指令」が予定されていた。ところが、朝になっても、指令の最後の一つが完成していなかった。優介はパソコンをにらみながら、ずっと考えていた。タイムリミットぎりぎりになって「島の人物マップをつくる」というアイデアが降りてきた。急いで打ち込み、プリントして「指令」と黒いマジックで書いた茶封筒に入れて、何とか間に合わせることができた。ほかには、「島に伝わる怪談や民話を聴き集める」や、「アジ、メバル、ベラを島民と一緒に釣って食べる」などの指令があった。

「島の人物マップをつくる」という指令を受けた二組四人は、知夫里島に出かけて、島内を歩きまわった。出会った漁師さんやお母さんたちに、知夫の好きなところなどを質問して、地図に描き込んでいく。都会から来た女子生徒に「このノートに名前を書いてください」と頼まれた島の男性は「芸能人になったみたいだなあ」と嬉しそうに笑った。四人が棒を使って、木になったハッサク

ハッサクを取ってくれた男性と記念撮影

をとろうとするが、うまくいかない。「揺すると落ちっど」と、若い男性が木を揺らすと、どどっと実が落ちてきた。「きゃー」。驚き、興奮する参加者。ハッサクを手に、男性と記念撮影した。

その夜に行われた報告会では、「車に乗せてもらって助かった」「通りすがりなのに家の中に入れてくれた。東京じゃ『知らない人についていってはいけません』が常識なのに……」「相談に乗ってくれた漁師さんがいろんな人に電話で聞いてくれたり、とても優しくて嬉しかった。これから自分も人にこんな応対をしたい」など、島民の親切さやあたたかみに感激したという感想が相次いだ。知夫に出かけた四人も、島民二〇人に出会ったことを報告し、「知夫の好きなところを聞くと、自然や人柄と答える人が多かった」「一つひとつの出会いの重さを感じた。これを大切にしたい」と感動した表情で語った。

夕食のメニューは、特産のアラメを使った煮しめや地場産のマルゴという魚の刺身、アラの吸い物など六品。島の豊かな旬の食材が並んだ。「アラの吸い物の味付けは、全部僕がやりました。美味しいと思うので、ぜひ食べてください！」。弘志も前日の反省を活かして、元気よく語りかけた。さらに、島のお母さんたちが内緒で用意したサプライズで、弘志はすっかり「ヒーロー」になった。

みんなの目の前で、魚をさばくところを実演させたのだ。

「すごい、かっこいいー!!」「この島の子はみんなこんなことできるの？　東京に来たらめっちゃモテるぜ……」。魚をさばく経験などない都会からの参加者から、尊敬のまなざしが集まる。参加者同士の会話も弾み「美味しい！」「おかわりっ！」という元気な声がこだました。

裏のヒロイン

魚をさばく弘志

囲炉裏のある部屋では、島のお母さんたちが、乾燥した米をみりんで甘辛く揚げた「エンガラ」など島のおやつや、あぶりイカなどを用意していた。香ばしい匂いが漂う。冷え込みが厳しく、暖をとるため、参加者がどんどん囲炉裏の周りに集まってきた。あぶりイカは「やわらかくておいしい」と大好評。思わず「あー、島の子でよかった」としみじみ口にした島内の参加者もいた。
囲炉裏を囲んで、今頑張っていることを話したり、今後の進路や思い描いている夢を語りあった。火鉢が無いと過ごせないほど寒く、水が乏しくお風呂も無い。布団も薄くて硬い。そんな状況だからこそ、出身や年齢差を超え、絆を深めることができた。

島前神楽を披露する島の高校生

だんらんする参加者と島のお母さん

翌朝も島のお母さんたちが大活躍。まだ暗い朝五時に、港近くの施設に集まって「バクダンおにぎり」という、醤油に岩のりをひたして包んだ地元名物のおにぎりや唐揚げなどが入った弁当を作り、すぐに焼火神社まで届けに上がった。

朝食後は、焼火の神様への感謝をこめて、参加者全員で炊事場やトイレを掃除して、下山。「もう一つのふるさと、そしてもう一つの家族をつくってきてください」という呼びかけのもと、島外の生徒と島内の生徒がペアになり、島の人々のお宅へホームステイに向かった。三日目はそれぞれの家族と、牛舎での牛の世話や、岩牡蠣の出荷作業、海でのワカメ採りなど、島での生活を味わった。

だんだん

四日目の最後の夜は、島前高校の寮で、「だんだんパーティー」。「だんだん」とは、島根の方言で「ありがとう」という意味。ホストファミリーや協力してくれた地域の方たちへの感謝の気持ちを込め、ツアーの参加者側が、手作りの料理でもてなすという趣向だ。

弘志にアドバイスしてもらい、都会から来た子たちが慣れない手つきで魚をさばく。刺身や煮魚、知夫の神馬(ホンダワラ)の天ぷらや、ウミウシ(アメフラシ)を特産のこじょうゆ味噌(なめ味噌)であえた珍料理も含め、心づくしの島グルメが次々と完成した。「このお刺身と煮付けは、参加者みんなで作りました！　美味しいのでぜひ！」。弘志の呼びかけで、パーティーが始まった。大人たちには、こみあげるものがあった。「あんたたち、がんばったねー。『できない』って言われたことを、やったんだから」。ぎゅっと手を握りあった。

あちこちで会話が弾み、笑顔の花が咲く。代表して挨拶した参加者たちは、「出会いの素晴らしさを感じた。参加していなかったら、こんなにステキであたたかいつながりがあることを知らなか

お手本としてキンニャモニャ踊りを披露

った」と声を弾ませた。「東京と比べて自然や人間的な魅力が全然違う」「明日帰るのが嫌。また必ず来ます！」「島前では当たり前のように存在しているあたたかさと人同士のつながりの強さ。東京に戻って伝えたい」。感動と感謝のコメントが相次ぐ。ホストファミリーも「家族になれた」「みんなもう島の子。いつでも帰っておいで」「楽しかった。こちらこそありがとう」と感極まった表情をみせた。

最後は、島前高校の法被《はっぴ》をまとい、島に伝わる「歌って踊れる」民謡キンニャモニャ。軽快なリズムに合わせて両手に持ったしゃもじを打ち鳴らしながら、一つの大きな輪になって踊ると、一体感は最高潮に達した。

片付けを終えて、帰ろうと玄関で靴を履いている母親に弘志が言った。「お母さん、ありがとう。助けてくれて、嬉しかった」。明るすぎるくらい明るい母親を、恥ずかしいと思っていたこともある弘志だったが、今回だけは違った。母親をはじめとした大人たちの支えなしではとても成功しなかったことを、誰よりもわかっていた。息子からの思いがけないねぎらいの言葉に涙があふれる母親を、弘志は照れくさそうに見守った。

はじまりの終わり

五日目、島を離れる参加者を見送る日。参加者が帰りの道中お腹をすかせないようにと、弘志たちは早朝から全員の弁当をつくった。港ではカラフルな「ヒトツナギ」の文字の下に「また帰ってこいな」と書いた大きな紙を掲げる。目に涙を浮かべながら、再会を誓い合う島の人や参加した中高生たち。出航の音楽が響く。フェリーの参加者と港で見送る人々をつなぐ、色とりどりの紙テープがどんどん長くなっていく。

弘志たちは港の先端までフェリーを追いかけて走り、見えなくなるまで手を振り続けた。海士の港を出たフェリーは、西ノ島、知夫に寄港する。それぞれの港には、ホストファミリーたちが見送りに駆けつけていた。西ノ島では「いってらっしゃい　島前の父母より」と書かれた大きな横断幕も登場。「フレー、フレー、子どもたち！」とエールが飛ぶ。子どもたちは涙を溢れさせながら、力一杯「だんだん！」と叫び返した。「島の人たちと出会い、交流し、人のつながりをお土産に持って帰る」。ヒトツナギツアーの目的が、その言葉通り実現していた。フェリーを見送った後、生徒の一人が泣きながら、岩本に言った。「これは地域の大人たちの協力なしには絶対にできませんでした。今回の挑戦を通して、島の人の魅力を本当の意味で体験できました。本当にありがとうございました」。

観光甲子園のグランプリから、わずか半年。地域の人たちに相談し、アドバイスをもらい、助け

フェリーから別れを惜しむ参加者たち

西ノ島での見送り

られながら、生徒たちの手で実現させた観光ツアー。正吾は「これは夢か幻か……」と放心し、「我々も、日々進化し続けてきたんだな」と振り返る。弘志も「怒濤の四カ月が終わったなあ」という、心地よい達成感と充実感に浸っていた。「一人で困ったときは、人を頼っていいんだ」という大きな気付きと学びを得た。「できないと言われたこともあったけど、やってよかった」。優介も「あれができたんだから、何だってできる」と自信をつけた。

生れ出づる未来

地域の大人たちも、「学校の行事にここまで密接に関わったのは初めて」という人が多かった。生徒たちの一生懸命な姿に胸を打たれ、巻き込まれるうちに、どんどん高校に対しても愛着がわくようになった。弘志の母も、息子がこれまで触れあう機会のなかった海士の町長や役場の職員、農家さんなどから「弘志くん、大丈夫か」と応援されている姿を目の当たりにして、地域が子どもを育てるという意味を理解した。「子どもと一緒に青春だったわー」。準備や作業は苦労の連続だったが、心から、楽しかった。

岩本自身にも変化があった。三島を巡り、三島の住民を知り、島前の魅力を理解するきっかけになった。ヒトツナギには、「三つの島を一つにつなぐ」という意味も込めていたが、このヒトツナギを通して、三島の相乗効果による「島前」の力を、はじめて目の当たりにしたのだった。これまでは合意形成に時間がかかる三町村の枠組みが煩わしく「いっそ、〝海士高校〟の方がやりやすいのに」と感じたこともあったが、はじめて「海士高校ではなく、島前高校でよかった」と心の底から思えた。

また、「プランを考え、発表して、評価されて、終わり」にせず、実際に「行動し、苦悩し、助けられ、実現までやり抜いた」ことに意味があった。「今度は、自分が人を支えられる人間になりたい」「いつか、自分たちが地域に恩返しをしたい」と、生徒たちの夢の種が芽生えはじめているのを実感した。

「島前全体が学校、地域の人も先生」「地域の課題解決に挑戦しながら、生徒たちは自己実現に向け成長する」「地域づくりによる人づくり」。岩本の頭の中にあった、地域とともにある新しい学校のイメージが、現実に姿を顕しつつあった。

第4章　時《し》化《け》

焼火神社参詣

転　進

ヒトツナギを通して、高校と地域のつながりはでき始めた。高校の魅力を高めるには、もう一つの大きな柱である学力向上と進路実現に向けた体制の強化が必要であった。

「島前高校の中に、三つの学校がある」。生徒の学力差の大きさと進路の多様さを指して、こう言われていた。学力や進路希望に応じて高校選択をする都市部では、高校ごとにある程度同質な生徒が集まる。しかし、島前地域には高校が一つしかないため、高校内での学力差が非常に大きくなるのだ。しかも一学年一クラスになったため、大学進学を目指す生徒も就職を希望する生徒も同じクラス。国公立や難関大学などへの進学を目標に学力を伸ばしたい生徒も、小中学校での基礎学力が定着していない生徒も、同じクラス内で指導する必要がある。島内には進学塾や予備校などがないため、学力差が著しい生徒たちの多岐にわたる進路希望の実現を、高校が一手に担うことになる。島前高校は教員数が減る中で、個別指導は続けていたものの、習熟度に応じた授業編成はできなくなっていた。学習支援の強化が急務だった。

岩本らは、魅力化構想に掲げた「学習支援コーディネーターの活用」を試験的に開始した。放課後、塾講師の経験があるIターン者に、高校の図書館の自習スペースで生徒の学習支援を行ってもらった。岩本はこれを、部活動後の夜の時間帯や土日に広げ、多くの校外の人に学習ボランティアとして力を貸してもらうことや、ＩＣＴを使ったオンライン授業やデジタル教材の活用などへ発展させたいと考えていた。しかし、外部者による夜や休日の校舎利用は許可されず、インターネットへの接続など校内にはさまざまな制約があったため、高校内での思うような展開は難しいと判断した。現代版の寺子屋のような場を校外につくり、外から学校と連携して生徒や教員を支援する方向に舵を切ることにした。

国の補助事業へ申請し、立ち上げにかかる費用を確保したほか、島前高校近くの空き家を貸してもらえることにもなり、財源と場所にめどがついた。「塾」という名称では、教員に「自分たちを信頼していないのか」と抵抗感が生まれる可能性があるため、学習センターと呼ぶことにした。

リクルート

学習センターの立ち上げに向けて、もっとも苦労したのが人材の確保だった。求めるのは、即戦力。岩本は、生徒一人ひとりの現状を診断し、生徒に合った最適な学習ツールを提供し、希望の進路達成まで導いていく、学習における「コンシェルジュ」と「コンサルタント」をかけあわせた人材を探していた。吉元は、一つの教科だけではなく、一人で受験科目すべてを教えられる「スーパーティーチャー」を求めていた。浜板はそんな人間が存在するなら、どちらでも良いから来てもらいたいと思っていた。そんな「贅沢」な注文に応えられる人材は、なかなか見つからない。インターネットでの求人などを見て五〇人ほどエントリーしてきたが、「この人なら」という人には出会えなかった。塾や教育業界の人からは、「そんな安い給料で、そんな高い技能を持った人は、絶対に来ない」と何度も言われたが、妥協したくはなかった。しかし、人が見つからないまま時間ばか

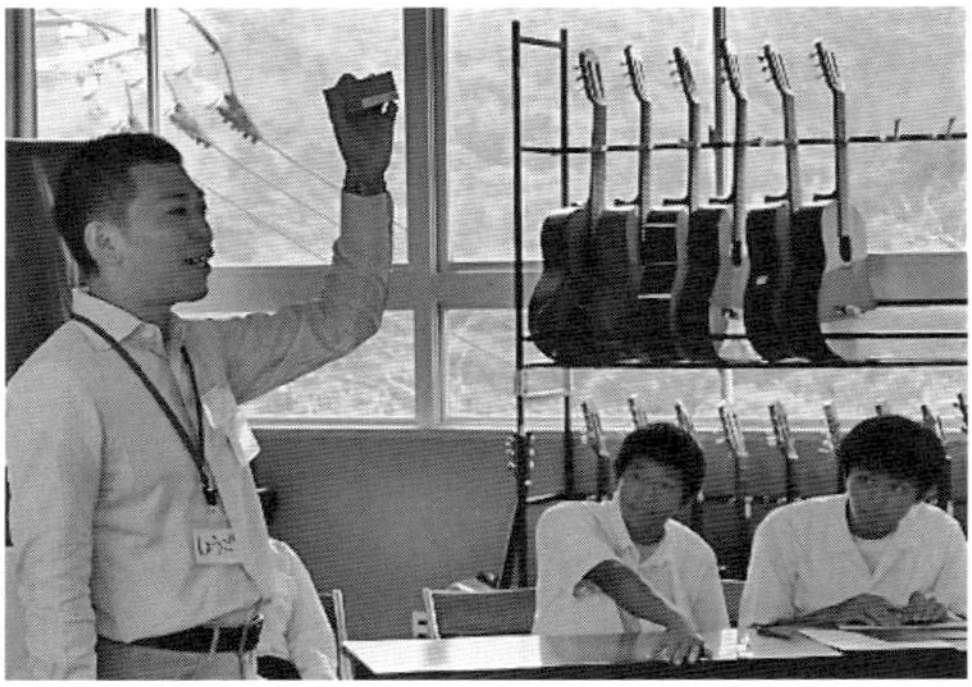
出前授業を行う豊田

りが過ぎ、岩本は困り果てた。そんなとき吉元が、お茶をすすりながら「今までの人脈の中に、誰かいい人はおらんのか」とつぶやいた。

新たに広く呼びかけるのでなく、今までの人のつながりをもとに探しなおすことにした。そこで、白羽の矢が立ったのが、豊田庄吾であった。豊田は、人材育成会社の学校事業部の責任者として、全国の自治体や学校を回って研修や出前授業を行っていた。岩本が東京で人事の仕事をしていた際に縁ができ、二〇〇八（平成二〇）年九月には、出前授業の講師として一度島を訪れていた。

豊田が初めて島を訪れたときのこと。第一印象は「子どもたちが純朴だなあ、素直だなあ」。悪天候のため本土に戻る船が欠航になるかもしれず、おろおろしていると「しょうがないですよ、そうなったとき考えればいいんです」と生徒に声を掛けられて、「自然との付き合い方を知っていて、肝がすわっているな」と感心した。パワフルな島の大人にも出会った。それまでは、岩本悠の影響で島に移住者が相次いでいるという勝手なイメージを抱いていたが、「元気な大人、島の人に惹きつけられて、移住するんだな」と考えをあらためた。そのときも、高校の状況を説明され、プロジェクトのメンバーを探していると聞いていたが「ふーん、大変なんですね」と流した。自分が移住するなど考えも及ばなかった。

タグボート

翌二〇〇九(平成二一)年四月、豊田は話を聞くだけ聞いてほしいと岩本に請われ、再び来島した。島に着くとすぐ、岩本はプレゼンを始めた。スクリーンへ映し出されたスライドに目が留まる。

一枚目は、高度成長社会で、欧米を先頭に、日本、そしてこの島が最後尾にある図。二枚目は、それが逆向きになり、小さなこの島を先頭に、日本、欧米と続いていた。「最後尾から最先端へ持続可能な社会への曳船(タグボート)に」。これを見た瞬間、「あのタグボートに乗りたい」「多くの地域や国を引っ張りたい」。激しく心が動かされた。

自分は東京の麻布十番に住まいながら、地方に出て行っては、自治体職員や経営者などに起業家精神やコミュニケーション、創造性の大切さを語っていたが、自分の言葉が軽いのではないかと感じていた。出前授業では、講師評価ナンバーワンを三年連続でとっていたが、授業や研修のときだけの単発ではない「教育」をしたかった。また、豊田は自分の故郷の大牟田が、人口流出と高齢化により、さびれていくのを目の当たりにしてきたため、地域活性に対しては強い思いがあった。地方の自治体職員や経営者が、他の事例を見ても「あそこはお金があるから」「あそこは人がいるから」と、暗に「だから、自分たちはできないんです」と言い訳するのを聞き、何度も歯がゆく思ってきた。「地に足をつけて、自分も現場でもがく経験をした方が良いかもしれない」。そして、条件不利地で、他の多くの地域が言い訳できないモデルをつくりたかった。島は、規模もコンパクトで、他地域と隔絶されており、モデルケースをつくるにはちょうどいいと思った。

夜、岩本や吉元、教員の武藤ら魅力化プロジェクトの関係者に囲まれ、隠岐牛を食べた。武藤が、ずばり聞いた。「来んのかね?」。「行きますよ」。豊田が答えると、武藤はさらに迫った。「ほんまやね。来んかったら一生許さんけんね」。その言葉で豊田は、背中を押されたように感じた。自分

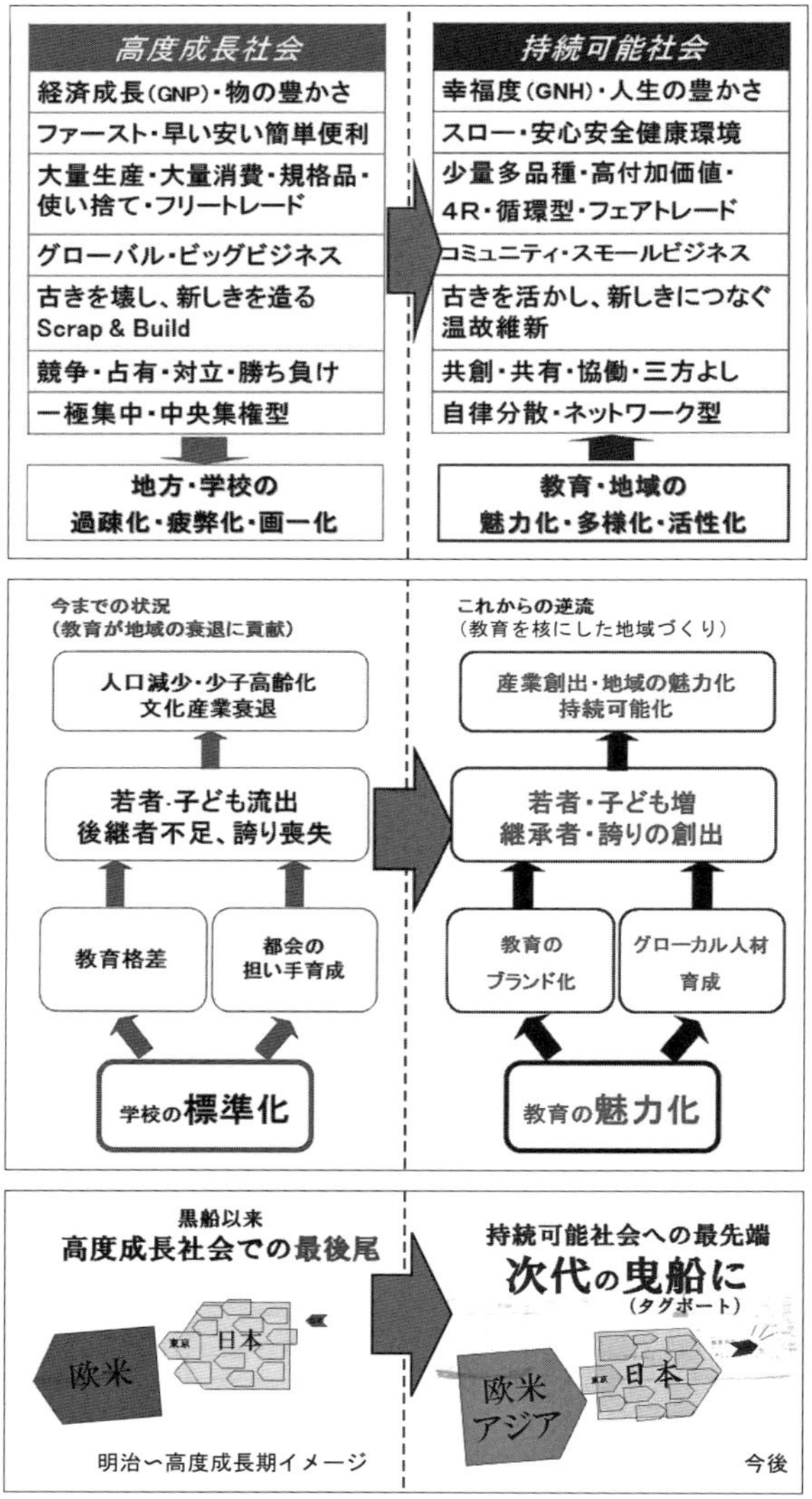

岩本のプレゼンテーション

が何をやるのか、島に来た後の役割についても、まだイメージはなかったが、心を決め移住の準備に入った。

ナンシー

机さえあれば、勉強はできる。最初はそんな勢いで、学習センター設立に向けた試行を始めた。島内からかき集めた机や椅子を空き民家に運び込み、学校の授業の補習をする塾のような位置づけで、無料で場所を開放した。初日に訪れた生徒は、わずか一人。豊田は教科指導の経験はなかったが、教えることには自信があった。中学時代、不良の同級生に勉強を教え、学年のトップ一〇に入れ学校中を驚かせた経験もある。何より、教えることが好きだった。

数日経ったあるとき、自主学習している二年生のノートを背中越しに見ると、分数の問題を飛ばしていた。聞くと「自分ルールで、分数はやらないことに決めているんです」。分数が苦手で、避けているのだった。また、ある生徒に「英語で少年、少女は何て言うんだっけ」と尋ねると、少年は「boy」と正解したが、少女は「ナンシー」と答えた。「確かにそうだな……。ナンシーは女の子の名前だけど、女の子を英語で言うとgirlだぞ」と説明した。英文の読み書きができないある生徒の原因を探っていくと、国語で習っているはずの動詞や名詞といった品詞の理解ができていなかった。「ナンシーの品詞は、名詞、動詞、形容詞どれ?」と聞くと「名詞」と正解したので、「いいぞ。じゃあ、車の品詞は?」と聞くと、自信をもって「動詞」と答えた。「ナンシーは名前だから『名詞』、車は動くから『動詞』っていう発想はすばらしいけど、そもそも品詞っていうのはね……」。小学校や中学校でつまずき、そのまま授業がわからなくなり、勉強嫌いになっている生徒たちの姿があった。

やる気スイッチ ON

フックを探す

豊田とつながりがあった他県の民間塾と提携することになり、受験に関する全教科の指導ができる伊藤努を「立ち上げの二年間」という約束で島に派遣してもらい、岩本の妻も含めてスタッフを揃えた。

豊田らは、勉強が苦手で嫌いな生徒も、勉強や学習センターが楽しいと感じる雰囲気づくりを大事にした。親や先生、友達とも話せない話ができる場所、上からの指導ではなく斜めから相談にのってくれる場所。学習センターを、家でも学校でもない、そんな「第三の場所」にしたかった。部屋の明かりのスイッチを、「学ぶ心に灯をつける〝やる気スイッチ〟」に変え、「あきらめたらそこで試合終了ですよ」と訴えかけるゴミ箱を作り、生徒一人ひとりの写真と自己目標を書いた選挙ポスターのような公約ポスターを飾ったりと、空間づくりにもこだわった。

ときどき、勉強部屋の隣にある仏間で、豊田が「魂に響く」説教をすることもあったが、基本的には生徒の良い点や改善したところを褒め、前向きな言葉がけを行った。勉強を好きでない生徒を、いかにして学ぶことが楽しいと感じられるようにするか。英単語を書き込み、めくって覚える単語カードも、一人でやれば「苦行」と感じる生徒には、豊田らが時間を計ってめくったり、並べてトランプ遊びのようにしたりとゲームの要素を取り入れた。次第に生徒同士がクイズ形式で問題を出し合ったり、覚え方を一緒に考えたり、と生徒が自ら学ぶよう仕掛けていった。学習意欲が湧いていない生徒でも、どこかに必ず、興味ある分野を持っている。レスリング、釣り、恋愛……。生徒との普段の会話の中で、その生徒の「フック」を見つけて、勉強と紐づけると、学習に対する意識も変わり、成績も伸びた。

愛される人間になれ

あるとき、豊田が東京在住時代にプライベートでやっていたミュージカルを、島の芸能祭で披露したらどうかという話が舞い込んだ。「自分を覚えてもらえる良い機会になるんじゃないか」と思った豊田に、岩本が「絶対、今はやらない方がいい」と反対した。その理由はこうだった。

よそから来た人間が、いきなり島にミュージカル仲間を連れて来て上演したら、「この人は、外から欧米的・都会的文化を島に持ち込もうとしている」「外来文化にかぶれて、この地域の伝統文化を蔑《ないがし》ろにするのではないか」などと感じる人も出るかもしれない。「来てすぐにそういったことをやると、豊田さんだけでなく学習センターにも色がつく可能性がある。魅力化プロジェクトの『島前地域の文化を継承し、この地域のつくり手を育てる』という姿勢自体も疑われるかもしれない。できたらやめてほしい」。豊田は、そこまで聞いて、納得した。まず一年間は、岩本と吉元の言うことにはNOと言わないようにしよう、と心に決めた。

二人から「今までの実績のアピールや日本の教育を変えたいといった大きな話はせず、島の祭りや奉仕活動に参加した方がいい」と釘をさされたこともあり、地区の清掃や綱引きの練習にも熱心に取り組み、口より手足を動かし、汗をかいた。一年過ぎた頃には、言われたことの意味がわかるようになった。もう一人のスタッフである伊藤も、自分にできることをやろうと、毎日欠かさず、後鳥羽上皇に所縁《ゆかり》のある隠岐神社の境内を掃除した。こうした一つひとつの行動が、地域からの信頼を培っていった。

逆風半帆

学習センターについて学校側の理解はまだ十分ではなかった。しかし、魅力化メンバーは「動きながら、出てきた問題を解決していこう」と、島前三町村での説明会を経て、「隠岐國《おきのくに》学習センター」を開所させた。七月六日の開所式では、三町村の町村長や高校の校長、魅力化の会のメンバーが出席し、民家を借りたセンターの玄関前でテープカットが行われた。

開所式のニュースがテレビで流れると、島前高校には、島根県内の他校の教員からの電話が相次いだ。「予備校と手を組むとは何事だ！」「学校としてのプライドがないのか」「魂を売るつもりか。恥を知れ」。豊田は「学校との対立構図ではない。絶対に進学塾や予備校と呼ばないでほしい」と、テレビ局側に何度も念押ししたにもかかわらず「予備校がオープン」と報道されたため、無用の誤解を招いた。

これほど大きなリアクションがあったのは、島根県特有の事情がある。県内には、もともと大学受験に特化した進学塾や予備校は少ない。代わりにその役目を果たしてきたのが、公立高校そのものだった。本土の普通科高校では一～七限の正規の授業に加えて、始業前と放課後の「0限《ゼロ》」「八限」と呼ばれる補講や「土曜補習」、浪人生を受けいれる「補習科」も存在していた。それらをすべて、教員が担っていた。教員の多大な努力と矜持が、公立の高校教育を支えていたのだ。それだけに、突然現れた「予備校」に、アレルギー反応が起きたのも仕方がなかった。

この一年前にも、島前高校ではちょっとした事件があった。岩本が民間塾の関係者を呼んで、公民館で生徒向けの受験対策講座を開催し、教員から猛烈なバッシングを受けたのだ。予備校や進学塾に行って当然の環境で育った岩本にしてみれば、生徒のためになると考え実践しただけだった。浜板は、そのときちょうど長期出張で不在。高校に帰ってくると、職員室には憎悪にも近い怒りが渦巻いていた。塾の人間を呼ぶという行為が「教員や学校を信じてない」というメッセージに受けとめられていたのだ。

隠岐國学習センターの開所式

岩本たちは、このときの反省があり、学習センターを「塾」とは呼んでこなかった。また「指導」ではなく「支援」を強調し「生徒を指導するのは学校と教員」、その「学校と教員を支援するのが学習センターです」と言ってきた。こうした中で、持ち上がった「予備校」報道。「高校の魅力化というのは、新しい塾をつくることなのか」と、魅力化プロジェクトへの反感や不信感は一気に強まり、溝はさらに深まった。生徒の前であからさまに学習センターを批判する教員もあらわれた。

協働の学び場

そんな中でも、学習センターには一期生が入ってきた。三年生一〇人は、通称「蔵」と呼ばれる民家の納屋にスタッフの伊藤とともに籠り、一丸となって勉強に打ち込んだ。初年度の冬、海士と西ノ島を結ぶ内航船は一九時過ぎで終了していた。これでは学習センターに通うことができないため、まずは学習センター負担で週一便、チャーター船を出した。すると、西ノ島の保護者が協力し、自分たちで週一便を増便した。翌年には行政が動き、夜間便ができたため、冬でも通えるようになった。

学習センターに通う生徒たちの学力は伸びていった。一つには、学習する時間が増えた効果だと考えられた。生徒の中には、家に一人静かに勉強できる部屋がない子もいれば、自分の部屋があっても、漫画や雑誌、スマホ、ゲームなどに囲まれて、勉強に集中できない子も多かった。島には自習スペースや学習室がある図書館もなかったため、自学するための空間と時間が学校と家庭外にできたことの意義は大きかった。また、学習センターでは異学年が一緒になって勉強していたため、次第に上級生が下級生を教えたり、自分たちで勉強時間と休憩時間を決め、メリハリをつけて学習するようにもなった。

学習センターでは、「自立学習」というスタイルを大切にしており、予備校のような講義室での一斉授業は行っていなかった。まず学校の授業を第一の基本として、その上で、授業の復習や応用発展問題の演習など、それぞれの生徒が自分に必要な学習を行う。加えて、定期試験後の振り返りを行ったのをきっかけに、テスト三週間前に学習計画を立てる取り組みが始まった。生徒たちが、自ら目標や計画を立て、勉強し、振り返る学習サイクルの確立をサポートし、個別の質問や要望に応えていくスタイルができていった。月曜から土曜、午後一〇時までを学習センターの基本時間としたが、生徒の状況や要望に応じて日曜や早朝なども付き添った。

勉強に打ち込む生徒(右奥が伊藤)

生徒にとって

しかし、問題となりかねない新たな事態も発生した。これまで学校の教員からのみ指導を受けていた生徒たちが、学習センターのスタッフにも勉強や進路の相談をするようになったため、教員が知らない間に進路希望を変更してしまうことが起こっていた。教員としては「いつの間に」と驚き、戸惑う。教員には当然、自分たちが生徒のことを一番に考え、もっとも理解して、必要なことはすべて一手に担ってきたという自負がある。放置しておけば、学習センターへの反発や不満を増幅しかねなかった。実際「横から入ってかきまぜる」「おいしいところだけ持っていこうとしている」といった、センターへの不信も漏れ聞こえていた。生徒の現状や進路についての情報を共有するために、毎週一回、高校の進路指導部長や各学年の担任と豊田たちはミーティングを行うことにした。

豊田はミーティングで「生徒にとって」「生徒のために」という表現を繰り返した。「学習センターは」「学校は」という、自分の立場に立った主張や、相手に向けた主張だけをするのではなく「学校」と「学習センター」が、「生徒」にとって良いことを、生徒のために一緒にどうするか考えましょうというメッセージを込めていた。この豊田の姿勢の根底にあったのが、岩本、浜板、吉元らが大切にしていた「三方よし」という考え方だ。生徒にとっての「やりたいこと」「できること」「すべきこと」を考え抜くこと。そして、勝ち負けではなく、その生徒を中心に「学校×センター×家庭」が垣根を越え、連携、協働し、皆にとって最善の取り組みを目指そう、という理念だった。

「三方よし」の根本は、他者理解にあるからこそ、学校とはできる限りコミュニケーションをとって意思疎通することに努めた。例えば、生徒が豊田に、ある問題集の中の全文訳のコピーがほしいと言ってきた。不思議に思いすぐに学校に問い合わせると、「生徒自身に訳させ、力をつける意図で全文訳は渡していない」ということがわかった。迷わず、生徒にコピーをやめさせた。その教員は「こういう電話は助かります、ありがとうございます」と喜んだ。また、「学校が出した宿題を、学習センターで教えないでくれませんか」と言われたことがあった。理由を尋ねると、生徒に出す宿題は、授業に対する生徒の理解度や到達度をはかり、どういう指導をするかを決めていくためのもので、学習センターで宿題を教えられると、本人の実力でできたのかどうかがわかりづらくなる、という趣旨だった。「もっともだな」と納得した。それからは、生徒が「ここを教えてほしい」と言ってきたときに、予習なのか復習なのか、どの先生の宿題なのかを、確認するようになった。

教員の中でも、一緒に飲みに出かけてざっくばらんに意見を言い合い、「豊田さんとだったらやれる」と信頼を寄せてくれる人や「学習センターと一緒に連携しないといけない」と考える教員もいたが、まだ少数派だった。担任以外の各教科の教員ともミーティングをし、教科指導の方針もあわせていきたかったが、負担の増加になるため、陰で応援してくれている教員からも「自分からは言いにくい」と言われ、実現の糸口をつかめずにいた。

序列意識

学習センターは、島前高校をさまざまな面から支援していた。その一つが生徒募集である。島前高校は、西ノ島での生徒募集に苦慮していた。島前三町村の中で人口も子どもの数も最も多い西ノ島からどれほど入学するかが、島前高校の命運を握っていると言っても過言ではなかった。だが、魅力化プロジェクトが開始された二〇〇八（平成二〇）年、西ノ島中学校を卒業する生徒は三〇人いたが、島前高校へ入学したのは、わずか五人だった。

西ノ島の保護者の中には「島前高校に行くのも、島後や本土の高校に行くのも、〝海を渡る〟ことには変わりがない。どうせなら松江に行かせたい」と考える傾向があった。高度経済成長期に刻まれた「できる子は松江に出る。本土に行けない子が島後（隠岐高校）へ行く。どこへも行けない子が島前(島前高校)に残る」という序列意識が残っている人や、「本土」に出ることをステータスのように感じる人も、多かった。

島前高校は、島前の中学生に学校紹介を行う機会は毎年あったが、中学生の保護者に対して説明する機会はなかった。一方、学習センターは三島をまわって、保護者向けの説明会を開催していた。そこで、島前高校の紹介もあわせて開催することにした。知夫村と海士町では中学校が会場となり、西ノ島町では公民館で説明会が開かれた。ヒトツナギツアーなどを通じて高校魅力化の取り組みを応援してくれるようになった弘志の母たちも、中学生の保護者への声かけを手伝ってくれ、三町村の説明会で最も人数が集まった。

島前高校の紹介後、多くの質問が飛び出した。高校の教員に直接、疑問や不安をぶつけられる機会が今までなかったのだ。会の終了後も個別の相談が続いた。この説明会で、「島前高校から大学に行けるの?」「高校魅力化って何やってるの?」といった保護者の不安が解消されただけでなく、信頼感を深めることにもつながった。その後、二〇一一(平成二三)年には一〇人、二〇一二(平成二四)年には一九人の生徒が西ノ島中学から島前高校へと進学した。

赤い絨毯《じゅうたん》

同時期、高校魅力化プロジェクトは、もう一つの難題に立ち向かっていた。島外生の募集と受け入れだ。

「島前高校には、刺激や競争がない」「多様な価値観との出逢いがない」「新しい人間関係をつくる機会がない」――。島前の中学生やその保護者へのヒアリングやアンケートで多く聴かれた声。生まれや育ちも似た島の三〇人にも満たない生徒だけで、クラス替えもないような学校では、どうしても、刺激や競争が少なくなる。ほぼ同じメンバーの中で子どもたちの関係性は、固定化、序列化し、個性が発揮しにくい。新たな出逢いや新しい人間関係の構築の機会が限られ、価値観も同質化しやすくなる。大きな集団の中での切磋琢磨も経験できないため、成長しようという意欲やたくましさ、社会に出てから重要になる多様な人たちと協働する力も育ちにくくなる。実際、学力やチャレンジ精神が高い子ほど、島外への進学を希望する傾向があった。固定化された狭い人間関係に閉塞感を感じ、刺激や多様な価値観、新しい人間関係を求めて外へ出ていくというのは、多くの地方の若者が都市部へ流出していった理由とも共通していた。

岩本らは、こうした課題を打破するとともに、二クラス化に向けた生徒数の確保につなげるためにも、全国から多彩な入学生を受け入れる「島留学」の募集準備を始めていた。県教育委員会の中には、「県立高校なのに、他県の生徒を受けいれて育てるのはいかがなものか」といった考えの人もいたが、県教育長の「島前は定員が埋まってないのだから、いいじゃないか」という英断で、全国募集をすることは認められた。約六〇人定員にもかかわらず六人程度しか生徒が入っていない赤字続きだった寮も、出番を待っていた。

ただ、「地元の子の半分が外の高校に出ているのに、逆に外から呼ぶなんて、絶対に無理」「一〇人でも来たら、港から学校まで赤い絨毯を敷いて、歓迎する」といった声が聞こえてくるほど、誰もできると思っていなかった。それでも「できる」と考えている岩本を見かねて、校長の石田は、

「わざわざ遠くから、何もない離島に来るわけがない。何か支援をした方が良い」と吉元に提案した。吉元は、都会の子が家から公立校に通うのと同じ程度の経済的負担で「島留学」ができるよう、意欲や能力が高い生徒に寮費や里帰り交通費の一部を補助する「島留学支援制度」を創設した。

畳まれる風呂敷

教員の中には、「こんなところに、好んで来る子なんていない。外から流されてくるのは〝わけあり〟の生徒だけだ」といった不安も強くあった。岩本らが考えた「島留学」募集のためのパンフレットの文言を、職員室で稟議《りんぎ》を回すと、真っ赤になって返ってきた。赤色のペンで直しのコメントが入るのだ。例えば、「少人数指導で学力を伸ばし、国公立大学をはじめとする難関大学への進学を目指す」といった表現も、実際に現場で教えている教員からすると、現実味がない誇大広告のように感じられる。岩本らが目指している理想を掲げた内容に、「これでは詐欺になる」という声も上がった。細かい表現一つ一つに「待った」がかかり、何度も書き直した。

岩本は、島留学で高い期待を持った生徒や保護者が来て、現場でどんどん注文することで、現実を理想に引き上げていこう、という思いがあった。また、全国から多彩な「脱藩生」を募集するのだから、今までのやり方が通用しない、ある程度の軋轢《あつれき》や波瀾《はらん》は「あるもんだ」という前提だった。それを一つずつ克服していく過程を通して、生徒も学校も問題解決力が磨かれ、魅力が増していくと考えていた。一方、教員には、「トラブルがあったら困る」「そもそも問題は起こさないことが大切」という考え方が強くあった。

二〇一〇（平成二二）年夏、島留学の入学者を募るための説明会を、仙台、東京、名古屋、大阪、岡山、広島、米子、福岡の八カ所で開催した。島前高校のサイトに載せるとともに、つながりがある教育関係者やマスコミ関係者に告知をした。初回、東京・千代田区の中学校の廃校跡地を会場にした説明会に来場した中学生は、わずか四人。これでもいい方だった。最後に行った米子会場は、ゼロ。大人も含めて、一人も来なかった。会場で一時間待っても誰も来ないので、岩本は一人で片づけをして島へ帰った。島前高校の職員室で、各会場の参加人数を報告書に書き込んだ。「米子会場　0人」。それを見た教員は、ほっとしてのことだろう、拍手とともに「万歳」という声を上げた。校内の雰囲気を象徴していた。

晨吾の記事

流布された物語

一方で、島留学の取り組みは、メディアに取り上げられた。最初に紹介されたのは、観光甲子園で奮闘した畑中晨吾。晨吾は、大阪の中高一貫の進学校と肌が合わずに通わなくなったが、「人生の寄り道」と称して一人でイギリスに長期旅行に出かけたり、アーティストのインタビュー記事を雑誌に寄稿して小銭を稼いだりする「アクティブな不登校生」だった。「僕も、青春がしたい。そろそろ高校にでも行くか」と思い、大阪とはまったく違うところがいいと「島の高校」をインターネットで探したところ、たまたま「島前高校」を発見したのだ。島前高校が生徒の全国募集を始める前だったが、一人で島を訪れ、校長や岩本らに会い、自分で段取りして島前高校に入学してくるなど、自立心も人一倍強かった。その晨吾が、「不登校から立ち直った」というストーリーで紹介されたため、「島の学校に行けば、不登校から立ち直る」という、本意ではないメッセージが広がっていった。その手の問い合わせは増え、初年度、島外から入学してきた八人の生徒の中には、不登校経験者も数人いた。

魅力化の会で、校長が島留学生について「毎日元気に登校している。学習面においてはもうひとふんばりしなくてはいけない状況。生活面についても規則正しい生活を指導中である。来年度は、休まずに意欲を持って高校生活を送る生徒に入学してもらいたい」と報告するなど、オブラートに包まれてはいたが、対応に苦慮する様子がにじみ出ていた。

本人の意志というより、親の意向で入学してきた生徒や、目的意識や学習意欲が希薄な生徒、中学校の頃から不登校だった生徒にとって、島留学は想像以上に厳しい。身の回りのことをすべて自分でしなくてはならず、学校でも寮でも同じ生徒と毎日顔を合わせる寮生活に馴染めず、途中で転学していく生徒も出た。

三角波

島留学に対して、校内では批判的な雰囲気が強かったのも仕方がなかった。教員数が少なく、受け入れ態勢も不十分なため、島外から生徒が入学してくることで、多くの問題が発生していた。

「住民票を移したいのですが、どうやったらいいですか？」と島留学生が個別に質問してくる。生徒は担任に聞けばすべて知っているものだと思っているが、担任もどうしたら良いのかわからない。放課後、一人を役場に連れて行ったすぐあと、別の生徒から同じように住民票を出したいと言われて「また明日にね」といったことの繰り返しだった。保護者への配布物も、島留学生の場合は毎回郵送しなければいけない。寮でインフルエンザが流行した際も、すぐ近くに帰る場所もなく、親も迎えに来られないので、手分けして受け入れ先を島内外で探して確保した。夏休みの補習も、島内生であれば「全員が出席するもの」と疑いをはさまないが、島留学生からすれば、なぜ夏休みまで学校に行かなければならないか理解できず、「なんで実家に帰れないんですか」「補習って、全員出なければいけないものなんですか」と聞いてくる。こうした一つひとつに対応の方法を決め、必要に応じてマニュアルの作成もしなければならなかった。

「求める生徒像」と一部異なる生徒が入学してきたこともあり、生徒指導面についても手がかかった。特に寮では、人のものを勝手に食べたり、無断で抜けだしたり、ケンカして手を出したりと問題行動が報告されていた。そのたびに、緊急の職員会議が招集される。教員ではない岩本や浜板は、会議の中に入れなかった。職員室の自分の席でひたすら、待つ。やがて協議を終えた教員たちがぞろぞろと戻ってくる。どの顔にも「また、島留学のことで……」という、不満げな表情が浮かんでいた。申し訳ない気持ちで耐えながら、一つひとつできることをやるしかない。島外の生徒が一時退寮や謹慎処分になっても、保護者は急には来島できず、寮以外に行き場もなかった。民宿を営んでいる町長の山内の自宅や地域の人に頼んで代わる代わる泊めた。岩本らも家に泊めたり、食事を出したりもした。

不都合な現実

島留学は「誰でも良いから、島の高校に来てくれませんか」と、単なる「数合わせ」で生徒を集めるものではなかった。目的は、異文化や多様性を学校内に取り込み、生徒への刺激と高校の活性化につなげること。島の子どもや学校、地域に活力をもたらす「意志ある生徒」が対象だった。しかし実際は、島留学生への対応に手を取られ、学校は活気を失っていた。岩本や浜板、吉元らは、悩んだ。ミスマッチは、お互いに不幸だ。ただ、大幅に定員割れをしている島前高校では、入試を受ければ、ほぼ全員が入学できることになる。ここに入学することが、その子にとってベストの選択肢とは限らない。県内、県外に散らばる受験希望者のもとに、岩本や吉元らが足を運んだこともあった。「島には逃げ場がありません。カウンセラーも常駐していないので、もし仮に不登校になっても、対応ができません」「医療も充分整っているわけではないので、重い持病を抱えていると難しいです」「今よりも厳しい生活になります。今できていないのに、島へ行ったら変わるとか、できるようになるという甘い考えでは、困ります」。離島という環境での、親元を離れた寮や学校生活の困難な側面を丁寧に説明した。島に行かせれば何とかなる、島に預ければ子どもを変えてくれると夢見ている保護者からすれば、望みを絶たれるような気持ちになる。「うちの子は違う」と反発され、「そもそも、あなたの島の環境が悪い」と逆に怒られることもあった。

希望者は必ず事前に島へ来てもらい、実際の高校や寮、離島の厳しい現実を知った上で、親ではなく、中学生自身が自分で判断することが重要だと痛感した。こうした経験が、島前高校に興味がある島外の中学生とその保護者を対象に、島と島前高校の見学会を開催することにつながった。見学会の時期が夏休みだったこともあり、その準備は浜板や岩本らが中心に行い、当日も浜板や管理職が忙しく動き回ったが、教員は冷ややかに見ているという雰囲気はまだ残っていた。

回路を開く

二〇一一(平成二三)年度に着任した教頭の小山峰明はすぐに、現場の教員と魅力化メンバーとの隔たりの大きさを、肌で感じた。ともに学校や生徒を思って奮闘していながら、想いやアイデアを共有する回路がなかった。「教員たちにも魅力化や現状に対して言いたいことがたくさんあるだろう」。まずはそれを表に出してもらい、改善につなげることができないのか。無記名方式のアンケートを思いついた。

①魅力化、②生徒募集、③学校生活や進路、この三項目について、感じていることや提案を書いてもらう。魅力化メンバーが「愚痴や文句を言うだけではなく、当事者意識を持って知恵を出し、問題意識を持った者が率先して動くことが大切」ということを心がけていたのは知っていた。そのためにも、まずは思っていることや考えていることを全部出してもらい、吸い上げることが先だと判断した。教員らに「何でもいいから思う存分、書いてほしい」と呼びかけ、岩本らにも「先生たちからいろいろ出してもらうよ」と断った。

結果、膨大な量の回答が返ってきた。さまざまな意見や考えが並んでいた。まずは言いたいことを言ってもらわないと始まらないと思っていた小山は、教員たちが本音をぶつけてくれたことに、ひとまずほっとした。建設的な提案も多く、批判や不満とあわせてそれらをパソコンに打ち込み、分類して表にまとめた。意見を出させるだけではなく、実際の改善にもつなげていくという狙いがあったため、提案に対しては、実現できたら○、実行中のものは△、不可能なものは×と整理し、半年ごとに教員へ共有し、追加提案も募った。

進境

教員のアンケートの中に、寮生が学習センターに通えない状況の改善を訴える声があった。生徒募集時に「学習センターがある」とうたいながら、夕食や点呼、門限といった寮の規則によって、寮生は通えなかった。「これでは、結果的に詐欺になる」。小山と教員は、短期間で計六回会議を繰り返し、寮生も通えるように改善した。

さらに「管理職も県外での高校説明会に行った方がいい。魅力化メンバーだけでやっているのはおかしい」という声もあった。県外で行う島留学の説明会は、教員の負担を考え、岩本ら魅力化メンバーのみが行っていた。小山自身も、生徒を引き受ける高校側が責任を持って募集もした方がいいと考えていただけに、この提案を翌年度から採用した。県外からの生徒募集の窓口も、それまでは岩本が担当していた。希望する中学生や保護者、中学校からの問い合わせや来校時の対応をしなくてはならないため、業務量が非常に多く、教員に負担をかけられないという事情があった。小山はそれを教頭の仕事へと変更し、自分で担当した。だがテレビの情報番組などで紹介された翌日には、電話が一日中鳴り、トイレにも行けないほど対応に追われる。その姿を他の教員たちが「これでいいのか」と見ているのを小山は感じていた。

生徒と直接向き合うのは、現場の教員なのだ。いくら魅力化プロジェクトのメンバーが努力し、生徒を受けいれたところで、寮で面倒をみるのも、家庭訪問をするのも教員だ。小山は「入るまでは魅力化で、入ってからは教員」という垣根を取り払わないといけない、と思い定めていた。一方で教員の努力や苦労、大変さは痛いほど分かっていた。魅力化メンバーの獅子奮迅のがんばりや、それぞれの人間性にも共感しており、新しいことに最初に挑戦する人の辛さも理解していた。本来は、全員が一緒に良い学校をつくっていく仲間であるはずだ。口に出さない教員たちの胸のうちを慮《おもんぱか》り代弁する形で、皆に聞こえるよう職員室で、あえて厳しく、岩本を叱責することも多かった。選手として甲子園に行き、教員になってからも野球部の監督を長く務めてきた小山の声は、重く強い。教員の中から「教頭もあそこまで言わなくてもいいのに」「悠さんも大変だね」と岩本に声をかけたり、同情する教員が出始めた。小山は小山で、岩本や浜板をよく自宅に呼んで、「悠さん、今日は悪かったな。それであの件だけど……」と励まし、話し合った。

東京で島留学の説明をする小山

島留学ポスター（右が旧版）

「ある」から「ない」

島外からの生徒募集に関しては、離島の高校が持つ構造上の課題を隠さずに、逆にセールスポイントに変えていく広報戦略に変更した。

「島には、コンビニ、ゲームセンター、ショッピングモール、アミューズメントパークなど、早く簡単に楽しませてくれる、便利で快適なものがない。そうした環境だからこそ、忍耐力や粘り強さが育ち、限られた資源の中で〝あるもの〟をうまく活かして豊かに生きていく知恵が身につきやすい」「波が高くなれば船は欠航し、移動もままならない。だからこそ、自然への畏敬の念やどうしようもないことを受容する力がつく」。

「できないことや問題が多く、多くの人と助け合わないとやっていけない環境だからこそ、人とのつながりの大切さを感じ、人と協働する意識や感謝の心が芽生えてくる。日々の問題解決を通して課題発見力や解決力が鍛えられるのであり、不確実で不便、不自由な環境こそが、たくましい人間を育てる教育環境である」。

「都会の大規模高校であれば、気の合う仲間とだけ遊び、そうでない子とは関わらないで済むが、島前高校では、合う、合わない、に関係なく同じメンバーと協力しながら三年間送らなければいけない。ただ、見方を変えれば、日本の全事業所の九七パーセントが五〇名以下、七九パーセントが一〇名以下の職場であり、多くの人間はこうした小規模高校よりさらに小さい職場で働くことになる。与えられた環境の中で多様な価値観を持つ人と適切な関係を構築していく力を若いうちに養うことは、実社会を生き抜く上でプラスになる」。

自然が豊か、人がやさしい、食べ物がおいしい、のんびりしていて楽しいといった、ここに「ある」ものをＰＲするのではなく、「ない」からこそ良いことがあると伝えるようにした。

意図された奇蹟

県外での説明会や島での見学会の改善をはじめ、学校と魅力化メンバーとが一緒に生徒募集や対応に取り組み始めた結果は徐々に、問い合わせ件数や学校見学に来る生徒の意欲の高さに反映されていった。新聞やテレビに取り上げられる機会も増えた。それは、不便な環境だからこそ身につく力があることや、地域をフィールドにした課題解決学習やキャリア教育など、島前高校が目指す新しい教育の姿が、未来のニーズに合致し、社会から支持されつつあることの現れでもあった。問い合わせの数は、年間数百件を超えた。こうした状況の変化を踏まえ、二〇一一(平成二三)年九月一四日、ついに県教育委員会は、島前高校の募集定員を一クラス四〇人から、二クラス八〇人へ増やすことを決定した。

離島の隠岐島前 学級増

高校定員 進学支援など結実

県教委来年度募集

島根県教育委員会は14日、2012年度の県立隠岐島前高校（海士町福井、山根靖司校長）の募集定員を7年ぶりに、1学級40人から2学級80人に戻すと発表した。少子化で、県立高校全体の募集定員が過去最少となる中、離島にある高校の定員増は異例。財政的な支援や公営塾による進学の支援によって県外出身者の生徒数が増えるなど、地域を挙げた取り組みが実を結んだ。

隠岐島前高校は島前地域（海士町、西ノ島町、知夫村）で唯一の高校。1955年度に隠岐高校島前分校として、1学年1学級で開校し、63年度には2学級に増えた。

しかし、少子化に加え、地元中学校の卒業生が大学進学をにらみ、本土の高校を志願する傾向が強まった影響で定員割れが続き、2006年度に1学級に減った。

危機感を募らせた3町村は07年度、官民で「隠岐島前高校の魅力化と永久の発展の会」（会長・山内道雄海士町長）を発足。08年度には具体的な構想を策定し、3町村以外からの新入生の寮費の無償化や大学進学希望者の学力を高める公営塾の開設など、斬新な対策を次々と打ち出した。

さらに、同校は生徒の確保に向け、10年度に全国募集を始めた。

その結果、11年度は久々に定員を満たす40人が入学。県外からは茨城、東京、大阪、兵庫、広島の5都府県の8人が入った。島根県内の本土出身者も4人を数えた。

実績に加え、11年度の地元3町村の中学校の卒業予定者数が、10年度から14人

山陰中央新報（2011年9月15日）の一面記事

地元紙の一面トップで、「離島や中山間地域で異例の学級増」と報道された。構想に掲げた大きな目標の一つが具現化でき、関係者の喜びは、言葉にならないほど大きかった。しかも、この年は島前地域の中学卒業予定者が六一人と、前後の年次よりも二〇人近く、突出して多いという特殊な年。岩本らは、二学級復活はこの年しかないと思い定めて突き進んできた。逆にこのタイミングを逃せば、学級増をするチャンスはもう二度と来ず、魅力化の取り組みは終わると思っていた。まさに、ここしかない最初で最後の瞬間に、壁を突破することができた。

第5章　宜《よう》候《そろ》

キンニャモニャ祭りで県知事賞を受賞

積を求めよ

学習センターでは、生徒の夢ややりたいことを明確にし、進路実現や学習に対しての内発的な意欲を高めるための「学習意欲向上授業」をスタートさせた。金曜夜の二時間半。対象は二年生の七人。生徒が一人ずつ自分の興味や問題意識などを発表し、皆で質問して深掘りしていくゼミ形式で進めていった。受け持ったのは、藤岡慎二。藤岡は、有名大手予備校や、ハーバードなど海外の大学を目指す進学塾で小論文や志望理由書作成の指導を行ってきたベテラン塾講師。岩本の声かけに応え、東京で教育関係の会社を経営しながら、学習センターでも教えるという形で、東京と島の二地域居住を始めていた。

藤岡は、一回目の授業で話しにくさに困惑した。生徒たちは、初めての授業スタイルにぽかーんとした表情で固まったまま。「じゃあ、自分の関心がある社会問題について話してみて」と指名しても、まったく答えが返ってこない。何をどう発言すればいいのか、質問すればいいのか、見当もつかない顔をしている。初回は、ほとんどの時間を藤岡だけが話して終わったが、回を重ねるうちに生徒も少しずつ慣れ、議論の形ができ始めた。この授業の意味や狙いを表したよりふさわしい名前はないか、魅力化メンバーで話し合っていたとき、ふと岩本が「夢ゼミ的な感じだよね」と漏らした。皆が聞き逃すことなく「それいいね！」と一致し、「夢ゼミ」と名付けられた。

夢ゼミ一期生には、第一回ヒトツナギを経験した二年生の近藤弘志、木村優介も参加していた。

料理を作るのが好きな弘志はゼミで「隠れ家的なカフェをやりたい」と発表するが、「例えば、どんなカフェ？」と質問されると、口ごもってしまい、なかなか前へ進まなかった。三年生への進級を控えた三月、弘志が隠れ家カフェの構想を発表した後、同じ西ノ島に住む川崎乃愛《のえ》が質問した。

夢ゼミを行う藤岡（左奥）

乃愛「弘志、隠れ家的カフェって言ってるけど、あんた何歳でそれをやるつもりなの」
弘志「四〇歳くらいかなあ」
乃愛「そのカフェで何したいの？」
弘志「スイーツを作って、仲間を喜ばしてあげたい」
乃愛「ふーん。それ、島に人がいなかったら無理だよね。海士町は今勢いがあって上がってるけど、西ノ島はどんどん落ちてるじゃない。このままだと、二〇年後にはあんたが喜ばせたい相手なんて誰も島にいないよ。カフェやるより、人口減を止める方が先じゃないの？」

空気が凍りついた。皆がこれまで口にしなかった問題に触れたのだ。豊田が場をつなごうと「乃愛はどうするの？」と聞くと、すかさず「私は島に帰らないけどね」とあっさり言った。弘志は、頭をガツンと殴られたような、大きな衝撃を受けた。「確かに。カフェだけじゃなくて、まちづくりのことも考えないと」。次回の夢ゼミでは、たくさんのカフェの事例が紹介された。周辺に産業が生まれた瀬戸内海のカフェ、地域活性化の起爆剤になった大田市の三瓶山《さんべさん》の例。生徒たちも「行きたいねー」と盛り上がった。そのうち、別の同級生から「弘志は、どっちがやりたいの？　まちづくりなの？　カフェなの？」と突っ込まれる。「どっちなんだろう」。弘志は、また悩み始めた。考えがまとまらず、その次と次の夢ゼミは発表を見送った。悩んでいるうちに、ふと「どうしてどちらかを選ばないといけないのか」と疑問がわいた。自分がやりたいのは、両方だ。「答えは『どちらも』だ。『どちらか』を引くという『－《マイナス》』で考えず、双方を『×《かける》』発想で考えればいい」。そこからはぶれずに「まちをつくるカフェ」を語れるようになった。

当事者意識

優介は、弘志たちにつきあって何となく夢ゼミに顔を出している程度だった。自分の夢を発表する順番になったとき「特にないっす。昔は声優に興味があったけど、無理だし。適当に専門学校に行って、就職できればいいんすよ。夢なんてなくていいじゃないですか」と投げやりに言った。豊田が声を荒げた。「六〇歳の人が、人生をかけてやったけど無理だったと言うならまだしも、何もやってねえのに、なんでそんなこと言うんだ。無理って言うのは禁止だ！」。一瞬ぽかーんとした後、勢いに押されて「そうですか」と答えた優介。そんな風に真正面から本気でぶつかられたことは初めてで、驚きを隠せなかった。

「夢じゃなくても、何か興味あることはないのか」と聞かれるうちに、「ヒトツナギでビデオ係をやったとき、こういうのいいな、と思った」「何か情報を伝えることがしたいのかも」「ＤＪは割とやりたいことに近いかな」と話しだした。ヒトツナギでカメラをまわし、編集作業でナレーションをやったときにワクワクしたのを思い出したのだ。すかさず豊田が「ラジオＤＪに知り合いがいるから」と、すぐに電話をつないでくれた。優介は携帯電話を手に学習センターの二階に一人で上がり、話し込む。どうしてＤＪになったのか、どんな仕事なのか、儲かるのか。二時間にわたり、湧き出る疑問に答えてもらったことで、ぐっと仕事のイメージがわいた。二階から降りてきた優介は、「なんでもっと早く紹介してくれなかったんですか。俺、ラジオやってみたいっす」と笑顔を見せた。豊田はこのチャンスを逃さなかった。「よしっ、やってみよう」。豊田と二人で、インターネットの動画配信サービス・ユーストリームを使って、実験的に番組を放送した。優介の名前とユーストリームをかけて「ユースケリーム」。豊田との他愛のない会話を流しただけだったが、優介はおもしろくて仕方がなかった。終わってすぐ「次はいつやりますか」と聞いた。

「島前すごいねって言われるけど、海士ががんばっているだけだろ。俺は海士の出身じゃねえし」という思いが優介には根強くあり、自分の住む西ノ島町の情報発信に不満を持っていた。しかし、夢ゼミの宿題で役場の人たちに話を聞いたりするうちに、役場の人たちにも想いや志があることがわかり、「やってないのではなく、伝わっていないのが問題なのだ」という結論に至った。「それなら、西ノ島を盛り上げるために、何をしたらよいか」。それまでは他の人の発表に対して質問や批評をする傍観者的な姿勢だったが、自ら夢ゼミで発表し、みんなから意見を聞くようになった。三

夢を語る優介(右)と聞く乃愛(左)

年生の後半にはＤＪになりたいこと、コミュニティＦＭをつくって西ノ島の情報発信をしたいことなど、自分で考え、自分の言葉で伝えられるようになっていった。

相乗効果

豊田、藤岡の二人は自然に役割分担ができていた。藤岡は圧倒的な知識量を活かし、多彩なネタを出しながら生徒の視野を広げ、探究心を喚起する。豊田は、ハートに火をつけ、想いを引き出し、人への伝え方や考え方のコツなどをアドバイスする。生徒が「島にはそんな仕事をやってる人いないですよ」と言えば、二人の人脈をもとに、インターネットなどを使って島外の人とつなぎ、ロールモデルと出逢う機会をつくる。生徒の可能性に限界をつくらないよう、多様な大人との関わり合いから学ぶという仕掛けを構築していった。

週一回の夢ゼミを重ねるうち、生徒たちは相手の発言に対し「そもそも、なんで?」と理由や前提を掘り下げたり、その返答を踏まえて提案もできるようになった。生徒たちが議論に没頭しすぎて、藤岡が「お前らストップ!」と止めに入ることも。発表でも時間を意識させ、一〇分や三分、一分など時間を計り合って、その時間内にまとめるトレーニングを積んだ。生徒同士がともに意見を言い合い、ともに場をつくり、ともに学び合う環境になっていった。

噂を聞きつけて、見学者が次々と訪れるようになった。島の人よりも、島外の大学や教育関係者が多かった。「いいことやってるね」。生徒も、スタッフも自信になる。島内からは「夢なんて考えなくてもいい」「ゼミは高校じゃなく、大学でやったらいい」と疑問視する声もあっただけに、励みにもなった。

さらに二〇一一(平成二三)年の年明けに、町長の山内が国の視察団に同行し、夢ゼミを訪れた。省庁の職員の質問に対し、優介が怖気づくことなく、堂々と答える。「海士は情報発信がうまい。自分の住んでいる西ノ島でも、海士に負けないような情報発信をしたい」。このやりとりを聞いた豊田は、涙を浮かべて吉元に言った。「島前三島はまだ心を一つにできてない。でも、この子たちが大人になったときに、島前は一つになれるのかもしれない。ここから、社会、地域を担い、変える人材が出てきます。まだまだこれからだけど、必ず、よくなります」。学習センターでは教科の勉強だけをしていると思っていた山内も「すごい」と感嘆し、あらためて「まちづくりは人づくり」の方針は間違いではなかったと実感した。

背　水

島の未来を背負う覚悟で受験に挑んだ生徒がいた。海士町で生まれ育った大脇政人《まさと》。岩牡蠣のブランド化に取り組む会社を経営する父親の影響も受け、中学時代からまちづくりをする人を育てる先生になりたい、と思っていた。夢ゼミの中で「それを島でやろうとするなら先生より、町長が良いのではないか」という議論になり、「町長になりたい」と考えるようになった。

一年生のある日、岩本に、希望する進路を聞かれた。漠然と、地元の島根大学への進学をイメージしていたため、そう答えると「えっ、ここじゃないの？」と岩本は、壁に貼られた私立大学の一覧表の一番上を指差した。よく見ると、慶應義塾大学と書かれていた。「いや、無理。嘘でしょ」と思った。島前高校から慶應大学や早稲田大学に合格したという話など聞いたことがなかった。しかしそれ以来、少しずつ意識するようになり、自分の中で何かが変わりつつあった。

三年生になり、受験が間近にせまってくるにつれ、慶應大学に挑戦したいと思うようになった。政人は今までの経験や自分の強みを活かし、志望動機や適性などの人物評価で選抜するＡＯ入試に挑戦することに決めた。夢ゼミで自分の将来を語る機会に、ＡＯ入試の練習も兼ねて発表した。中間テストの勉強に追われ、ほとんど準備ができていなかった。見ていた大人たちから「本当に受験する気があるのか」と散々叩かれ、火がついた。

島前高校では毎年夏、三年生が施設に缶詰になってひたすら勉強をする「勉強合宿」が開催される。しかし合宿が始まるのは、政人が慶應大学に提出する志望理由書の締め切り三日前。ここで落ちれば次がないだけに、志望理由書は全受験者が練りに練って提出する第一関門だ。この期間、志望理由書を徹底的にブラッシュアップさせる作業に集中したかった。政人は「出願が近いから合宿に行けないかも」と漏らすと、教員に「受験生が勉強を疎《おろそ》かにするのか」と叱られた。勉強合宿に参加しながら、志望理由書を完成させるしかないと腹をくくった。Ａ４用紙の二枚で「自分のことを表現しなさい」という自由記述。徹夜しながらも何とか完成させた。役場の課長全員や地域の住民らに応援の言葉を一筆ずつ書き込んでもらった色紙を添付書類として提出した。書類選考は通過したが、二次試験は面接と小論文。政人は、小論文が得意ではなかった。面接も初めてで緊張。伝えたいことも伝えきれず、不合格となった。

慶應大学の二期募集への応募と並行して、早稲田大学へのエントリーも決めた。豊田や岩本、吉元は、政人が書いた応募書類を見ては「これどういう意味?」「なんで?」「どうして?」「具体的には?」と質問を投げかけた。みんなで朝まで学習センターで過ごすことも少なくなかった。そんな中、慶應の二期募集も「不合格」の知らせが届く。政人はこれまでにないほど落ち込み、傍から見ても壊れるのではないかと心配された。Facebookに思わず「ダメだー」と書き込んだ。すかさず、後輩の女子がコメントした。「そこで、かがみこまずに、立ち続けてください」。絶妙なタイミングでの励ましだった。

最後に残った想い

もう何度目の作業だろうか。唯一残された早稲田大学の受験に向け、学習センターで応募書類を書き直していた政人が、午前二時過ぎ、突然ぽろぽろと涙をこぼし始めた。「何を書いても落ちるし、もう、どうしていいか、わかりません」。不合格が続く中、後がないという怖さとプレッシャー。期待に応えられない申し訳のなさ。高校と学習センターとの板挟みになる苦しさ。自分自身の中に押し寄せるさまざまな感情と戦っていた。「政人は、どうしたいんだ」と豊田に聞かれ、声を絞り出した。「海士町が、好きなんです。恩返ししたいんです。海士のために、がんばりたい。それだけなんです」。島の大人たちの顔が浮かんだ。政人自身の中から湧き上がってきた想いを言葉にして書き込んだ。結局この日も徹夜となり、翌朝、学習センターの目の前の菱浦郵便局に志望理由書を投函した。

一次選考を無事に通過したとの知らせが届いた。ほっとしたものの、二次試験には小論文と面接が控える。政人は、受験日の三日前に藤岡と上京し、ぎりぎりまで面接や小論文の練習を繰り返した。本番の小論文では、高校をテーマにした問題が出た。進学やスポーツの有名校に生徒が集まり、地方の高校で定員割れしていることへの考えを問う内容だった。政人には、自分ごととしての強い問題意識がある。母校である島前高校の現状や魅力化の取り組みを綴った。「よしっ、できた！」。面接でも、伝えたいことを言いきれた。一週間後の発表まで、不安とプレッシャーで胃の痛い日が続いた。

迎えた運命の日。朝、父親は「なんとかなるよ」と笑顔で学校に送り出してくれた。発表時間の午前一〇時は授業時間中だったため、授業終了後に、担任のもとに行って確認することになっていた。廊下を走り、進路指導室に急ぐ。合格者の受験番号が載っているプリントを渡され、ドキドキしながら数字の羅列を追った。「47201」。自分の受験番号が、そこにあった。「おめでとう」。教員からお祝いの言葉をかけられ、一気に涙があふれ出た。大人たちと一緒に徹夜したこと、つらくて、不安で仕方がなかった日々が思い出された。廊下を歩いていると、職員室から飛び出してきた岩本が、政人に抱きついてきた。「やったー！」。同級生も駆け寄ってくる。「すごいな！」「よかったね！」と廊下中に祝福の声がこだました。みんなで抱き合って喜んだ。教室に入った後も「おめでとう」の大コール。放課後に、高校の下にある商店に立ち寄ってパンを買っていると「合格したんだって！」と声をかけられた。島の情報伝達の速さに驚いた。

一方、出張先の本土からフェリーで島に向かっていた豊田と吉元は「ドキドキするなあ」「そわそわするなあ」と落ち着かない時間を過ごしていた。午前一〇時、船内でパソコンを開いて確認すると、政人の受験番号を見つけた。吉元は「ファー！」と掛けていた毛布を投げて万歳。二人は人目もはばからずに抱き合った。吉元が政人の父親に電話をかけると、父親は声を詰まらせ「本当によかった」と繰り返す。あとは互いに言葉にならなかった。

未来のつくり手

政人は受験を経て、地域への向き合い方が変わった。自分のために島の大人たちが動いてくれた。これからは自分のことだけではなく、誰かのためにありたい、と心から思うようになった。同級生たちも、同じように成長していた。弘志は法政大学の地域枠にチャレンジし、合格を勝ち取った。優介は応募書類は政人と同じように豊田らに何度も突き返され、一四回目でようやくＯＫが出た。優介はアナウンスの専門学校に進路を定めた。政人や弘志ほどの志望理由書は書かなくてよかったが、二人が何回もだめ出しされては書き直している姿を見て、「徹底的に叩かれていて、うらやましい」と自主的に書いて、豊田のところに持ってきた。

さらに優介は、政人と弘志らと「真夜中の夢ゼミ」というネット放送を開始した。同級生三、四人で弘志の家に集まり、後輩の話、海士町の話、西ノ島の話など、思いついたことを深夜、勝手にしゃべる番組。朝の四時ごろまで流していたこともあった。ノリで始めたが、意外に好評を博した。「今、島前高校の魅力化っていってがんばっているのは、結局、海士町だろ。西ノ島は、おこぼれをもらってるだけじゃん。次は俺たちがやろうぜ」。普段、学校や学習センターで言えないことをざっくばらんに話して、盛り上がった。

卒業式が終わった翌日の三月二日、魅力化の推進協議会の席で、夢ゼミの成果発表として三人はプレゼンに立った。「三〇歳で町長になりたい」と政人が言えば、弘志は「西ノ島で、地域の人たちが有機的につながるカフェをつくり、そこから地域をよくするアイデアや元気を生み出したい」と目を輝かせる。優介も「将来はＤＪになり、西ノ島でコミュニティＦＭをつくりたい。西ノ島の情報を島内外に発信して、島に貢献したい」と発表した。弘志の母親は、昔からよく知っている子どもたちの堂々とした姿に、涙が出た。弘志が「お腹が痛い」とよく休んだことを覚えている小学校の担任の教員も、「成長したなあ」と目を細めた。「夢ゼミがなかったら、夢が見つけられなかった。それに、人前で話したり、質問したりする力も身についた」と優介。今は、ラジオ番組の制作会社に勤め、夢に近づいている。

学校と学習センターの取り組みが相乗効果を生み、生徒たちは自分がやりたいことと、地域社会のためにできることの「交わり」を模索し、それを一人ひとりが実現すべく行動をするようになった。魅力化プロジェクトが目指してきた「地域のつくり手」が、着実に、育ちつつあった。

近藤弘志の志望理由書　抜粋

私は、人と人を繋ぎ、西ノ島の活性化のきっかけを創る〝ヒトツナギカフェ〟を開き、美味しいもので島に住む人を幸せにする。そして、それを実現し、西ノ島のまちづくりの一翼を担いたい。

私は高校一年生の時、ヒトツナギに参加した。〈中略〉ヒトツナギの計画はゼロの状態から始まった。私はとにかく行動した。参加者に最高のおもてなしをしたいという想いから、島の食材や当日の調理スタッフを、島中を回って直接お願いして集めた。食材は新鮮なものにこだわり、ヒトツナギ実施中も毎日集めて回っていた。私はヒトツナギが終わるまで気が抜けなかった。料理を食べた参加者からは、「こんなにも美味しいものが食べられて幸せだ」と感謝された。私は、今までの苦労が報われた気がして幸せな気分になった。終了後、片づけをしている最中、あまりの達成感と充実感に自然と涙が出てきた。私は、ヒトツナギを通して、事を成し遂げるためには周囲の支えが不可欠だということに気付いた。無償で食材を提供してくれる方々、初めて会ったにもかかわらず調理スタッフを快く引き受けてくれた方々がいたから、ヒトツナギは成功したのである。この経験から私は、ヒトツナギのように私自身も周囲の人達に一六年間支えられ続けていたことを知った。そして、今まで私を支えてくれた人達に恩返しがしたいと思うようになった。

ヒトツナギの体験から、「食」は人を幸せにできることを実感した。私は、「おいしい」、「幸せだ」という言葉を直接聞ける形態の一つである〝カフェ〟をやることで人を幸せにしたいと思った。

その対象は、まず、島に住む友人と、地域のお世話になった人達だ。私はこの夢を色々な人に話してきた。何度もディスカッションを重ねている中で、友人に「でも、将来西ノ島に人がいなかったら意味が無い」と言われた。確かに現在西ノ島では人口流出が止まらない。しかし、このまま廃れていく西ノ島を放っておきたくない。私は、カフェの中で「食」を提供することによって、地域活性化に繋がる試みが出来ないか考えるようになった。廃れていく原因の一つとして、本来地域を動かすべき立場にいる人達が、意見を交わす機会が少なく、お互いに協力ができず行動に移すことができていないことが考えられる。私は地元の大人達と、町の問題や解決策を、何度も話したことがある。一人ひとりは、町をよくしたいという意識や考えはあるが、それらは実践されていない。行動しなければ、町はよくならない。何か事を成すためには、一人では不可能なのである。地域を動かす立場の人達が自分の考えを行動に移すためには、町をよくしたいという意見を周囲に広める場が必要だと考えた。互いに意見を交わすことで、新たな発見や、協力者を集めて行動に移すきっかけを作ることが出来る。地域を元気にしたいというエネルギーを生むような交流の場をつくることで、解決へと繋ぐことができるのではないかと考えた。また、「食」を提供することで、人は緊張がほどけ、交流が進む。こうしたカフェの設立が、西ノ島の衰退を止め、町の活性化のきっかけを作っていくという仮説をたてた。〈中略〉

　私は、たとえどんなに時間がかかったとしても、島の人を幸せにするという夢を、決してあきらめない。私は、必ず「食」で人を幸せにし、カフェを使って西ノ島の「まちづくり」をする。私は夢を叶えるため、貴学を強く志望する。

大脇政人の志望理由書　抜粋

私の夢は、私の生まれ育った島「海士町」を、住民総幸福度日本一の島にすることだ。そのために町長となり、海士町の活性化を住民の主体的な参画により成し遂げたい。その実現に向け、地域課題の解決を総合的に研究できる貴学を志望する。

私が育った島根県海士町は人口約二四〇〇人、本土から船で約三時間半の離島である。過疎化と少子高齢化、産業の衰退が進み、三位一体の改革によって財政破綻の危機に陥った当時、町長自ら給料を半減、それに続き三役や職員も大幅な給与カット、そこで捻出した資金で産業創出への投資を行った。私の父も新たに養殖会社を起業し、積み重なる借金や周囲からの批判に負けず、島独自のブランドを作り上げ、雇用の創出と島の活性化に貢献した。町長や父をはじめとした島の大人達の戦う姿を見て、私も島のために貢献したいという強い想いを持つようになった。

中学生だった私は、町の一〇年間の政策を行政と住民が協働で策定する「第四次海士町総合振興計画(以下、総振)」に自ら手を挙げ、委員として参画した。この総振の一連の活動は、二〇一〇年にグッドデザイン賞を獲得した。しかし、総振では住民の地域活性化への主体的な参画を目指したが、現在住民の実践は下火となっている。その理由を調べたところ、大きな計画があっても、住民が自分のやりたいことを明確にし、町としてやるべき課題と結びつけることが難しい点、また課題解決の経験が少ない住民にとっては参加することへのハードルが高い点にあると考えられた。

そうした障害を取り除くには、地元住民が問題発見・解決能力を身につけ、やりたいことを明確化していく「夢ゼミ」を実践していけばよいと考えた。夢ゼミでは、住民が町の課題や自分の夢を研究し、発表する。そこに他の人たちから多様なアドバイスや指摘を受けることで、アイデアや必要な資源、やるべきことを明確にしていく。さらに、その問題意識や夢に共感してくれる人がチームを作り、企画の実現可能性をより高める機会を提供する。夢ゼミを通じて「できることから始める」プロセスを経験することで、まちづくりへの住民参画のハードルを下げていきたい。

この夢ゼミを通じて、複雑化した地域の課題解決と多様化した住民の企画実現を支援していくためには、まず私自身が学際的知見を身に付け、統合的に活用する力を持つ必要がある。そのために、貴学で地域を科学しながら、地域社会の構造を多層的に把握していきたい。私の島の課題は、島国日本の未来の課題であり、ひいては先進諸国がいずれ直面する問題でもある。単にその地域を見るのではなく、グローバルから見る空間的な視座と歴史を紐解く時間的な視座を身に付け、海士町を通して日本の、そして世界の課題解決に貢献できるように取り組んでいきたい。

私は将来、海士町の町長になる。そして、地域の総合的な課題解決を行い、住民の総幸福度日本一の町づくりを目指していく。この志を実現するために、四年間貴学で学べることを吸収しつくすことをここに誓う。

相　反

二〇一一（平成二三）年度に西ノ島町から入学した大野希《のぞみ》は、入学直後、クラスに入って驚いた。これまで同級生と言えば、顔見知りばかりだったが、一転、大阪や東京など、生まれも育ちも違う島外の生徒がたくさんいたのだ。クラスの三分の一にあたる一三人が、島留学で外から来た生徒だった。きつい関西弁でベラベラしゃべる子や、こじゃれた東京言葉でスマシ顔の子などがいて、正直こわかった。

島でのんびり育ち、新しい関係づくりの経験がない島の生徒たちは、西ノ島は西ノ島、海士は海士というように同じ島の子同士で固まり、壁をつくっていた。「異分子」が入っていることで、家族のような一体感があった中学校までのクラスとは違い、溝があり、分断され、まったくまとまりがなかった。昼休みも放課後も、島内生と島外生の輪が別々にできた。

ぎくしゃくしたまま迎えた一年生の三学期、卒業式の予餞会で行うクラスの出し物を決めることになった。声が大きく目立つ島外生たちを中心に準備が進み、島内生は引いていた。遠慮なく主張する島外生と、察してもらうことを期待して意見をはっきり伝えない島内生との違いが際立っていた。担任の和田伸二のところには「強引すぎる」「人に無理矢理やらせようとする」という島内生の声が寄せられた。学校を休む生徒も目立ちはじめた。和田は、すぐに行動に移った。

他の教員らと手分けして個別面談を行った。島の生徒たちからは「島外生たちはみんなの意見を聞こうとしない」「人の気持ちを考えない」「自分勝手」「口が悪い」「過激」といった不満の声があがり、島外生からは、「話し合いの場でまったく発言しないのに、裏でグチグチ言うのは、フェア

体育祭で走る和田

じゃない」「思ってることがあるなら、ちゃんと言えばいい」「陰口が多い。何で相手に伝えようとしないのか」などの意見が聞かれた。和田は、緊急ホームルームを開き、「まずは否定せずに聴き、相手を理解しようとすること」「自他を共に大切にする表現を心がけること」「良い点や共通点に目を向けること」「違いを認めあい、強みを活かしあうこと」などの大切さを伝えた上で、生徒同士で話しあう機会をつくった。守るべき指針が明確化されたことで、生徒たちは問題の所在ととるべき対応を意識しはじめた。和田は、人権・同和教育主任を長く務めてきたが、まさにその経験が活かされたホームルームだった。

　この後、クラス全体で話し合いを重ね、お互いの個性を尊重しながら練り上げた予餞会の創作劇は、魔術学校に通う魔法使いの生徒たちの冒険と友情の物語となった。海外のファンタジーと島前高校の話題を織り交ぜ、生徒それぞれの個性を出したものとなり、全校生の喝采を受け教員からの評価も勝ちとった。この過程を通して、島内生はより自分を出せるように、島外生は人の思いも聴くようになり、クラスの一体感が醸成されていった。希自身も、島外生たちに触発され、自分の殻を破っていいのだと、解き放たれる思いがした。

　島で生まれ育った生徒が島外生の「都会センス」に触れる一方、都会から来た生徒は島で「いなかセンス」を体感的に学ぶ。そして、ぶつかりあいや葛藤を通して、違いを受け容れ、異文化との

「都会センス」と「いなかセンス」

都会センス（都市部で重視されやすい価値観）	いなかセンス（地域で伝統的に大事にされてきた価値観）
経済　Economy	環境　Ecology
機械的/工業的　Mechanic/Industry	有機的/生命的　Organic/Biology
規模　Big/Scale	機微　Small/Fineness
知　Head/Think/Critical	情　Heart/Feel/Appreciative
分析/区分　Analyze/Segment	統合/和合　Unify/Integrate
効率/能率　Cost-performance/Efficiency	無用の用　Pricelessness/Effectiveness
新規/流行　New/Fashion	不易/伝統　Universal/Heritage
勝ち負け　Win-Lose	三方よし　Win-Win-Win
どちらか　Either/A or B	どちらも　Both/A and B
外見　Outer/Looks	内面　Inner/Guts
やり方　Doing/How to	あり方　Being/Who is
早い/安い/簡単/便利 Cheap/Fast/Easy/Convenience	安心/悠然/健康/平和 Safe/Slow/Health/Peace
短期/単発/非連続 Short/Single/Break	長期/潮流/連続性 Long/Flow/Consistency
直線/伸張/拡大 Line/Expand/Outspread	螺旋/循環/再帰 Spiral/Circulate/Fractal
利益/数値/結果 Profit/Number/Result	使命/価値/道 Mission/Value/Way
所有/専売/独占 Possession/Monopoly	共有/分かち合い/お裾分け Common/Share
競合/競争 Match/Beat/Competition	協働/共創 Collaboration/Synergy/Emergence
管理/監督/制御 Control/Governance/Heteronomy	自然/協奏/調和 Natural/Self-organizing/Harmony
個人/個性/才能 Individual/Charisma/Talent	チーム/仲間/共同体 Team/Crew/Community
理論/理窟/理由/理想 Theory/Logic/Reason/Ideal	現地/現物/現場/現実 Field/Real/Ground/Truth
上を目指し空高く跳ぶ Jump-up/Fly higher	地に足つけ根を深く張る Down-to-earth/Root deeper
物の豊かさ Much-having/Quantity of matter	人生の豊かさ Well-being/Quality of life
破壊的創造（古きを壊し，新しきを造る） Scrap and Build	温故維新（古きを活かし，新しきへ紡ぐ） Reflection and Revitalization
新化/創生 Innovation/Creation	深化/再興 Evolution/Renovation

＊　この表は便宜上，価値観を対比的に表現したものであり，「都会と田舎」「都市に住む人と地方に暮らす人」の比較ではありません．英語は意訳です．

つきあい方を生徒たちなりに身につけていく。この「違いを受容し、自分自身の中の多様性を育む学び」は、必ずや島前高校の強みになると和田は思った。

止揚

島前高校には、西ノ島中学校にはあった野球部がなかった。希は、入学直後に「新しい部活をつくることはない」と教員に言われたこともあり、新しくつくるという発想はなかった。しかし、島外生の男子二人が、「野球部を俺たちでつくろうぜ」と言っているのを聞いた。「おもしろそう」と思った希は、その野球仲間のマネージャーになり、後押しすることにした。仲間をどう集めるか、道具はどうするか、顧問はどうするかなど、簡単に片付かない問題も多かった。希は男子だったが、『もし高校野球の女子マネージャーがドラッカーの「マネジメント」を読んだら』という本も参考に、目標達成に向けた戦略を立てた。まずは、荒れていた校庭の草むしりから始め、休日には地域の野球チームと一緒に練習試合をさせてもらった。地域の中から、そんな彼らを応援する声が上がりだした。島前高校の生徒数が増えていたこともあり、学校の中にも理解が広がり、ついに、顧問や予算がつく同好会として認められ、公式大会にも出られるようになった。

一年生のときの予餞会を皮切りに、学園祭などイベントごとに、何かと騒動を起こしてきた希の学年は、「楽しみ、楽しませる」という暗黙の了解のもと、まとまっていった。希は三年で生徒会長になっていた。卒業式を控え、生徒が式典の型を破るのではないかと危惧した担任の和田からは「三年間の最後、しっかりしめろよ」と何度も釘をさされたが、同級生たちからは「最後だから何かやろうぜ」と促された。「何もなし」では納得しない空気がクラスに充満していた。狭間に立って悩んだ希は、「式の最中ではなく、卒業式が終わった後にやらかせば、両方の思いを汲むことができる」と考えた。

式が始まる直前、ノートの切れ端に、ある指示を書き内緒で回した。希が詠んだ答辞は「今は、お礼は言いません」と結んだ。閉会が告げられ、退場の音楽が始まると、卒業生がスッと立ち上がり、保護者と教員に向かって「三年間、ありがとうございました!!」と全員で声をそろえて、深々と頭をさげた。担任の和田は、ただ笑っていた。

「島前高校に入学するかどうか迷ったこともある。卒業までの道のりは平坦ではなかった。でも、この十人十色のクラスのみんなや教員、地域に支えられ、最高の高校生活だった」と希は心から思う。「だからこそ、感謝して、次は返していきたい」。その思いは、卒業した後も消えていない。

生徒会長として文化祭で挨拶をする希

島親

島留学生の多くは、学校と寮と学習センターの往復だけで、地域の活動に参加するきっかけがつかみにくいという課題があった。派遣社会教育主事の浜板は、島の住民が島留学生の「家内《やうち》（家族・親類）」のようになってその子の面倒を見る「島親《しまおや》」という仕組みを考案した。

せっかく島前に来てくれた子どもたちに、島前を好きになってもらいたい。いつでも島に帰って来られるよう、ここに第二の家族をつくり、ここを第二のふるさとにしてもらいたい。浜板はそんな願いを持って三島をまわり、「島親」になってくれる人を集めた。島親と生徒の具体的な関わり方は、それぞれに任せている。休日に島親の家へ泊まりに行く島外生も多い。島親は島外生を地域の中へ誘う案内人として、祭りや行事に招いたり、稲刈り、畑仕事、釣りを一緒に楽しんだり、ときには生徒の生活や人間関係、人生の相談を受けたりとさまざまな交流をしている。

著者・渡邊杉菜（島前高校三年生）
岩波ジュニア新書『スギナの島留学日記』より抜粋

島親として杉ちゃんの成長を見てきた
濱田哲男・佳子さん

『スギナの島留学日記』

●哲男さん　杉ちゃんとはじめて会ったのは、島前高校の「ヒトツナギ」のときにホームステイを頼まれたことがきっかけでした。「ヒトツナギ」の担当者が僕といっしょに仕事をしていた人で、彼から子どもたちのホームステイ先になってほしいと頼まれ、「いいですよ」と答えていたら、中学三年生の杉ちゃんと高校一年生の鎌倉の女の子の二人が、西ノ島町のこの家に泊まることになりました。

二人に何をしたいかと聞いたら、「釣りがしたい」と言うので、僕のボートに乗せて海に出ました。杉ちゃんは釣りが大好きと言っていて、その言葉どおりとてもセンスがよかったので僕は驚きました。

●佳子さん　小さなタイを釣って帰り、私といっしょにそれをさばいたり、イカの刺身をつくったりしました。「ヒトツナギ」のホームステイは、家族の一員としてふつうの暮らしを体験するものなので、夕食の準備を三人でいっしょにしたのです。そのとき私は、とてもおとなしい、口数が少ないという印象を杉ちゃんにもちました。

●哲男さん　杉ちゃんが島前高校に来ることが決まって、担当の先生から「島親が必要です。杉菜の島親になっていただけませんか？」と言われました。僕らはもちろん杉ちゃんを知っていますから、「杉菜ちゃんがよければ、私たちはいいですよ」と答えました。

留学生と島親との関係は、いろんな形があるようですが、僕たちは「杉ちゃんがこの家に来たいと思うときに来てくれればいい。泊まりたかったら、泊まればいい」と考え、僕たちから招待したり、声をかけたりは、まったくしませんでした。

杉ちゃんは、連休に来て魚釣りに行ったり、友だちを連れて来て一日過ごしたりしていました。

●佳子さん　この夏、杉ちゃんは、実家に帰らず、隠岐に残って受験勉強をしっかりやりたいので、家に泊めてくださいと言ってきました。勉強する意欲がすごいので、私たちは「協力できることがあればしてあげたい」と思いました。

そこで「お盆で、子どもや孫たちが帰ってきてうるさいけど、それでもよければ何日でもいいよ」と言ったら、「それでいいです。ぜひお願いします」と言ってきました。ふだんは二階の部屋を使ってもらうのですが、子や孫たちが使うので、玄関の横の三畳間に入ってもらいました。

杉ちゃんは朝七時に食卓に来て、朝ごはんをゆっくり食べます。八時二三分の船に乗るのですから、私のほうが焦ってしまうのですが、まったくせかせかしません。特別に遠慮したり、モジモジすることはまったくありません。好き嫌いもまったくせず、朝ごはんもよく食べてくれます。

夜一〇時半に帰ってきますが、一日勉強しておなかも空いているだろうと思って、「何か食べる？」と聞くと、「ごはんが食べたい」と言って、残りものを食べてくれます。素直な人柄がそのまま出ていて、杉ちゃんには特別に気をつかうことはありません。

台風の影響で船が出ず、塾に行けなかった日がありました。その日はちょうど孫の一人の誕生日だったので、誕生会の準備を手伝ってくれたり、孫たちと遊んでくれたり、ほんとうに楽しく過ごしていました。そして孫たちとも仲よくなってくれました。

いまの杉ちゃんは、ホームステイで来たときの印象とはまったくちがって、とにかく明るくなったし、芯の強さを感じさせるようになりました。それは、本来もっている性格が見えるようになったのかなとも、私は思っています。

●哲男さん　僕も「芯の強さ」と「明るさ」を杉ちゃんに感じています。それが本来の性格であっても、第一印象とはまったく変わっていますから、それを引き出したのが島前高校での高校生活なのかもしれません。

僕らは島親として「ここへ来てのんびりしてほしい」という迎え方をしてきました。それは杉ちゃんが高校を卒業してからも変わりません。息子たちも「高校を卒業しても、またこの家に遊びに来たらいい」と杉ちゃんに言っていました。僕らも同じ思いです。杉ちゃんは「私も来たいと思っています」と言っていました。

素直でスレていない杉ちゃんが、これから都会の大学に入ってどうなっていくのか、楽しみでもあり、気がかりでもあります。大学生になって、ここへ帰ってきたとき、どんな娘さんになっているか、半分親の気持ちで期待しています。

島　子

千葉県からの島留学生、茂呂《もろ》大紀《たいき》。中学時代に島前高校のヒトツナギに参加し、今度は自分がヒトツナギを実施する側に回りたいと、二〇一四(平成二六)年度に入学してきた。島親になってくれたのは、知夫村に住む畜産農家、井尻義教《よしのり》。入学式の前の三月に初めて顔を合わせた。知夫村の来《くり》居《い》港《こう》で、下船した人たちに「大紀君はおるかいね!」と声をかけると、「ハイ」と手を挙げた。まっすぐ目を見て挨拶をする姿に「しっかりしているなぁ」と感心した。

大紀は、休日など気軽に連絡をとり、泊まりに行かせてもらっている。夏には、人生で初めての釣りに連れて行ってもらった。釣り竿を入れると、すぐに魚がかかり、おもしろいほど釣れた。大

入学式後の島親子．井尻（右）と大紀（左）

量の小魚を持って帰ると、井尻の妻がフライにして食べさせてくれた。自分で釣った新鮮な魚を食べる喜び。井尻の畑でとれる「そのままのキュウリ」や、井尻の妻手作りの漬け物のおいしさにも驚いた。島の「お父さん」「お母さん」として、すっかり慕っている。「もう何年間もここに住んでいるみたいだ」。

一〇月に行われた知夫村民体育大会にも、大紀は知夫出身の同級生らとともに出場した。親子競争や職場対抗リレー、騎馬戦などさまざまな競技があり、住民挙げて盛り上がる一大イベントだ。大紀も綱引きやリレーに出場。親が子どもをわざと引っ張ったり、トラックの外で親が一緒に走ったり、大声で野次も飛ぶ。大人が我を忘れて楽しんでいる。大紀は「こんな楽しいところはない。来年もぜひ来たい」と興奮気味に井尻の妻に伝えた。

井尻は子どもを三人育てたが、現在は皆島外に出て行って夫婦二人暮らし。大紀が訪ねてくるようになったことで四人目の子どもができたようで、張り合いが生まれた。また、今まであまり関心がなかった島前高校のことも、より身近に感じ、応援して盛り上げたいと思うようになった。以前は、「島で高校生の姿をまったく見ない」といった声が聞かれていたが、今では地域の住民から「この前の会に高校生が来てくれたお陰で盛り上がった」「高校生に手伝ってもらって助かった。来年も来てほしい」「今度はこっちにも来てもらいたい」などの声が寄せられるようになった。井尻のように「島前高校は頑張っているので、自分も協力できることがあればしたい」「人手に困っているなら、わしで良ければやるぞ」といった島親の申し出は二〇家族を超えた。授業公開期間や学習発表会、文化祭、体育祭などの学校行事に、島親や地域住民が訪れるようにもなった。

茂呂大紀のブログ『明日に向かって　All out, Go forward!!』より抜粋

二〇一四年五月五日

ゴールデンウィークで閉寮のため、一週間の帰省。

中学の友達と会ったり、ラグビースクールで後輩達の練習に参加したりしたが、気がついたことは「八千代（千葉県）は自宅じゃない！」。

ボクの今の居場所は島前なのだ…たった三週間でなぜこんなにと思うほど、島前に帰りたかった。

島前の魅力って何なんだろうと自問自答しても「？？？」。

もちろん『ヒトツナギ』をやりたかったけれど、あれだけ好きだったラグビーをあきらめてまでここに来たことの答えになっていない。

一つ言えることは、自分の目標が朧気ながら何か見えかかってきたと言うこと…

島前では人間関係・スケジュール等々全て自分で決断しなければならない。

もちろん結果はすべて自己責任で、一生自分で背負っていかなければならないが…。

勉強をしている振りをしていれば親の目はごまかせたけど、自分の目はごまかせないので頑張る

しかない。
三年後　隠岐島前高校を卒業する時、結果に納得できる自分になっていると良いな…。

二〇一四年九月二九日

町には商店が少ないので、月に一度くらい親が送ってくれる「おやつ」が貴重品…千葉ではいつでも食べられるので気がつかなかった、「物の大事さ」と「親への感謝」。

ここに来てから、学校の先生・塾の先生達の熱くて素晴らしい指導にどんどん夢が膨らんできて、中学生の頃には思いもしなかった夢にも、もしかしたら手が届くかも、と思えるようになってきている。

なくても良いもの・ない方が良いもの・あったら邪魔なもの等々が、ボクの生まれ育った千葉にはいっぱいあったのかも…でも、ここに来て余計なものがない分、今しかできないことに集中できてるように思う。

ボクもいつか、この島でしかできないことに挑戦したい…する！
自分の夢を実現するためにも…今は勉強一筋に生きよう！

地元の人間として

生徒が「行って良かった」、親が「行かせて良かった」、地域住民が「あって良かった」という魅力ある高校づくりが進むにつれ、校内の雰囲気も変わっていった。教員の佐々岡貴子は赴任当初、職員室に岩本や浜板という「外部の人間」がいることに驚き、「県立学校のはずだけど」と強い違和感があった。だが、浜板が懸命に汗をかいている姿に心動かされ、さらに、岩本がこれまでになかった発想で夢探究などの授業に取り組む姿に触れて、「すごいな」と感銘を受けた。夢探究や地域学の授業などさまざまな場面で、地域の人が必死になって高校のことを考え、実際に動いてくれている姿も、胸に響いた。「島内出身の子も、島外出身の子も、島のことを考えるようになってきている。自分自身の考えを言葉にして発表する力もついてきた。これはまさに社会に出てから大切な能力だ」と、気がついた。佐々岡は西ノ島出身ながら、それほど島のことを意識してこなかったが、魅力化メンバー、生徒、地域住民、それぞれが島のことを考えていることを知っていく中で「地元の人間としてもっと考えないといけない」と日ごとに思うようになった。

魅力化メンバーとともに訪れた県外視察で、豊田が他校の教員に学習センターの取り組みをプレゼンしているのを聞いた。視察の反省会で、佐々岡は、岩本に言った。「学習センターが、あらゆる学力層の生徒のために色々と工夫していることを初めて知った。今までは難関大学合格などの実績を第一に考えている、と勘違いしていた。これからは私ももっと協力したい」。佐々岡は、学習センターと教科担当教員とのミーティングを提案し、その後、実現した。

地域学や夢探究といった授業に外部講師として豊田が入るだけでなく、教員が体調を崩してしば

中高連携の一環で中学生に授業をする佐々岡

らく休むことになった際にも、学習センターのスタッフが代替教員として授業を受け持った。逆に、生徒が増え学習センターに入りきらなくなっていた時期には、高校の校舎の一部を学習センターが使えるように開放した。

　島前高校が行う夏の三年生の勉強合宿期間は学習センターのスタッフが夏休みをとり、逆に学校の教員が休みをとるお盆は学習センターを休まずに開け、切れ目なく生徒の学習支援をするといった連携もとれるようになった。こうした実績と信頼を積み重ねるうちに、学校と塾といった既存の垣根を越え、生徒のために協力する態勢が整っていった。

　今では、生徒と保護者から承諾をとり、模試成績など生徒に関する相互の情報を共有し、三年生の受験先などを協議する高校の「進路検討会」にも学習センターのスタッフが参加するようになった。また、学習センターと高校の進路指導部、各学年の担任、教科担当のミーティングを通して、指導方針の擦り合わせや、気になる生徒への支援方策の協議なども行っている。佐々岡は実感している。「魅力化の取り組みがあってよかった。もっともっとできることはある。私も精一杯、やりたい」。

第6章　燈《ともし》火《び》

火の集い（学園祭にて）

島前高校の設置者である島根県教育委員会の中には、島前の取り組みを、冷ややかに見ている職員も少なくなかった。岩本や吉元が県教育委員会に顔を出すと「また来たのか」という態度で、さまざまな提案に対して、「いかにそれができないか」を説明した。退散しても、またアポもなしに現れる岩本と吉元。県教育委員会のある職員は、「倒しても倒しても、また立ち上がって新たな提案を持って向かってくる。こっちはファイティングポーズで構えているのに、向こうは笑顔で無防備に近づいてくる感じだった。次第に、今度はどんなのを持ってきたんだよ、と少しだけ楽しみにもなった」と言う。

県教育委員会の中で、島前高校の取り組みに対して最初に理解を示したのは、二〇〇六(平成一八)年度から四年間教育長を務めた藤原義光だった。県地域振興部長などで地域政策を経験していた藤原は、教育に地域振興という新しい視点を持ち込んだ魅力化の取り組みに共感し、応援した。県立である島前高校の県外での生徒募集に対しても、「募集定数に余裕がある。県外からも募集すればいい」と真っ先に擁護した。島前高校が要望していた物理の教員を、県単独の負担で配置する異例の措置を決断し、離島中山間地の小規模高校からの理系進学の道も拓いた。

さらに県教育委員会は、この魅力化の取り組みを県内の他地域でも進めるために「離島・中山間地域の高校魅力化・活性化事業」を二〇一一(平成二三)年度スタートさせた。これは実際に島を訪れ、生徒たちと対話をした島根県知事の溝口善兵衛が「これまでは学校を教育の機能だけで考えていたが、地域においてはもっと広い役割や意味があることが、ここに来てわかった。県内の他の高校でも広げたい」と評価し、実現したのだ。

この事業は、島前高校も含めた離島中山間地の八校・八地域に対して、一校当たり三年間で一五〇〇万円の予算を配分。県西部にある津和野高校では、コーディネーターを校内に配置し、公立塾を新設した上で、学力向上や地域連携を進め、県外からの生徒を募集。過去二年、五四人と五五人だった入学生が六八人に増えた。広島県境に近い飯南《いいなん》高校もコーディネーターを配置し、公立塾と「生命地域学」という地域の特色を生かしたカリキュラムを設けたほか、寮費の助成、インターネットを使った情報発信や体験ツアーなどを積極的に展開し、二〇一四(平成二六)年春、定員いっぱいの八〇人が入学した。同年秋には、島根県の離島中山間地域の高校と地域が連携し、東京で合同説明会を開催。当日は、全国各地から一〇〇人を超える親子が集まるなど、「チームしまね」としての息吹が芽生えつつある。

県教育委員会県立学校改革推進室長の佐藤睦也は「島前高校の目に見える成果がなかったら、こういう事業を展開することも、広がることもなかっただろう。町村の役場も教育委員会も、危機感を持ち、本気でやればできるんだ、と思えたことが大きい」と話す。離島・中山間地域の高校魅力化・活性化事業は、二〇一三(二五)年度末で三カ年の事業期間を終えた後もさらに三カ年継続することも決定した。

日本全体が人口減少や少子化に直面する中、島前高校や島根県教育委員会には、国や自治体、学校、研究機関、民間企業等からの視察や研修、取材の依頼は途切れることがない。また、沖縄県の県立久米島高校や、大阪府能勢町の府立能勢高校をはじめとし、鹿児島、岡山、兵庫、鳥取、広島、三重、長野、福島、北海道など他都道府県でも、高校の魅力化に取り組もうという動きが始まっている。

国曳き

山内や吉元、岩本らは、標準法の改正に向け文部科学省や総務省、国土交通省、財務省に何度も足を運び、各党の国会議員にも直接説明と要望を続けてきた。最初の頃は本気で取り合ってもらえず、壁の高さ、厚さに、何度も悔しい思いをした。だが、島前の魅力化の取り組みが注目されるようになったことで、国会議員や官僚が島に足を運び、直接耳を傾けるようになった。この千載一遇の機会を活かすため、町村議会、県議会、県教育長、県知事、離島振興センター、国の有識者委員、超党派の議員の会などあらゆるつながりを通じて、声をあげた。

二〇一二(平成二四)年六月二七日、議員立法による離島振興法の改正に伴い、ついに標準法も改正。離島における教育の特殊事情に鑑み、教職員定数が加算されることが定められたのだ。山内の携帯電話に入った一報を聞き「国が動いた!」。吉元、浜板、岩本ら魅力化チームは、長年の悲願が結実したことを喜び合った。

その後、島前を訪れた文部科学省の担当者は「標準法は日本の学校教育の根幹に関わる重要な法律。この法律は制定以来地理的な条件は一切加味してこなかったが、今回、初めて〝地域〟という観点が入った。まさに歴史的な改正である」と話した。まさに半世紀の時を経て再び「僻遠の孤島

平成25年度入学式での教職員紹介

から全国に狼煙を挙げ、国の法文をも改正させた」偉業を果たしたのだった。

二〇一三(平成二五)年度の入学式。四五人の新入生の前に、三七人の教職員や魅力化スタッフが一列に並ぶのを見て、三町村長をはじめ来賓からは感嘆の声があがった。生徒数、学級数の増加と標準法の改正によって、昨年度より教職員数が約三割増えていたのだ。

同年一一月、「島根県立隠岐島前高等学校魅力化シンポジウム」が開催された。島前高校を応援してきた地域住民や島親のほか、県の教育委員会や地域振興部局、文部科学省、総務省などから七〇人が集まった。これまでの島前高校魅力化プロジェクトをさまざまな立場から総括するとともに、次なる「新魅力化構想」策定に向け、立場を越えた対話を重ねた。交流会では、高校、地域、県、国の関係者が大きな輪になり、『ふるさと』を歌い、気合いのかけ声をあわせた。

二日間にわたるシンポジウムの最後、挨拶に立った校長の西藤昌裕は原稿を閉じたまま演台に置いた。「今日は原稿を

シンポジウムで教員，地域住民等が語り合う

用意してきていましたが、これを読むのはやめることにします」。西藤は、まっすぐ前を見据えて語った。着任当初の自分自身を含めた教員の不安と戸惑い。しかし、生徒の成長を実感する中で、未来に目を向け進めるようになったこと。この魅力化の試みは小さな学校の小さな一歩かもしれないが、やがて社会を変えていく大きな一歩になると確信していること。涙をぬぐいながら「学校は、生徒だけでなく教員も成長していく場所です。この島前高校の取り組みは、教育の未来を担う我々にとっても、かけがえのないものです。ありがとうございました」と声を絞り出した。教員と魅力化メンバー、ともに苦しみながら乗り越えてきた道のりとその意義を代弁した挨拶に、山内をはじめ、吉元、浜板、岩本、豊田、弘志の母など会場にいた多くの関係者が泣いた。

グローカル

生徒、保護者、教員、住民などさまざまな関係者との対話を積み重ね、二年間かけて策定された「新魅力化構想」の柱は、「グローカル人材の育成」。グローカルとは「グローバル」と「ローカル」をつなげた言葉で、「Think global, Act local（地球視点で考え、足元や地域から実践する）」と「Think local, Act global（ふるさとや地域のことを考え、世界や地球規模で活躍する）」の両面をあわせた謂《いい》である。

グローカル教育の初年度となる二〇一四（平成二六）年度からは、二年生全員がシンガポールを訪問する研修旅行を開始した。シンガポールも島前も島ではあるが、シンガポールが世界的な都市型モデルの島である一方、島前はいわば世界一のド田舎モデルを目指す島。あえて真逆の価値観、真反対の環境に入ることで、自分たちの島の魅力や課題、可能性に気づくことができるだろう。また、多くの移民を取り込んだ多文化コミュニティのシンガポールの課題や取り組みから、Iターン者や島留学生を受け入れる島前における多文化協働のコミュニティづくりのヒントが得られるかもしれない。そして、この海外研修の一つの柱が、シンガポールの最高学府であるシンガポール国立大学と島前の最高学府を自任する島前高校との交流であった。高校生が大学生を前に、島の魅力や課題、解決策をプレゼンテーションし、より良い課題解決に向けたディスカッションを行う企画だった。もちろん英語である。

オーストラリア大使の講演に英語で感想を述べる生徒

生徒たちは「英語でプレゼンなんて無理だ」と尻込みして

夢ゼミで海外の事例を話す Joseph Quarshie

いたが、夢探究でのハーバード大学やＭＩＴ等の学生による出前授業や、オーストラリア大使の講義などを経て、少しずつ覚悟を決めていった。

　また、海外研修に向けて「なくてはならない存在」として活躍したのが、クアッシ・ジョセフであった。ジョセフは、ガーナの東大といわれるガーナ大学を卒業後、文部科学省の国費留学生として来日しＭＢＡ（経営学修士）と博士号を取得。ジョセフが所属していた立命館アジア太平洋大学へ魅力化の関係者らが視察に行ったときに出会い、夜の交流会で浜板や吉元らと意気投合したのが縁のはじまりだった。島前高校には常勤のＡＬＴ（外国語指導助手）がいないため、グローカル教育を展開していくにあたり、教育的指導力があるネイティブ（母語話者）を求めていた。ジョセフも、「お世話になった日本に何か貢献したい」と思っていた。岩本や吉元らの話を聴いたジョセフは、世界中にこの取り組みを発信することで発展途上国をはじめとしたさまざまな地域に貢献できるとともに、日本への恩返しにもなると直感した。何より、島前のモデルからガーナにおける都市化と地方の過疎化の問題に対するヒントを得て、母国へ持ち帰りたいと思った。

　ジョセフは海外の大学での教員職を蹴って、二〇一四年春に島前高校のグローカルコーディネーターに就任した。ジョセフは英語や夢探究、地域学といった授業に入り、英語でのプレゼンやディスカッションの指導をするだけでなく、休み時間に図書室で生徒と雑談し、昼食の際には「Lunch with Joseph」と呼ばれるコミュニケーションの場をつくった。放課後は英語の資料作成の支援や添削指導、夜の学習センターの夢ゼミでは講義やアドバイスをするなど、生徒をジョセフ漬けにした。

ヤングジェネレーション

海士町で生まれ育った佐々木梓沙《あずさ》は、島前高校に入学後すぐ、自分の意見を堂々と発表する島留学生の女子に驚いた。「島外生は全然違う。積極的だし、かっこいい」。梓沙の小学校時代の同級生は五人。中学の頃からはほとんど手を挙げたり自ら発表したりしなくなった。少人数の知り合いに囲まれて育ってきたため、人前に立つと戸惑った。だが島外の子は、話し上手だったり、頭の回転が速かったり、明るくてムードメーカーになったり、それぞれ独自の個性を発揮している。「いいなあ、私もがんばろう！」と刺激になった。

梓沙は高校の一年生から二年生に上がるとき、人生で初めての「クラス替え」を経験した。「どんな刺激を得られるんだろう」とワクワクした。中学校の同級生の中では勉強ができる方だった梓沙も、今は島外生で自分より成績がいい「目標」がいる。まだ全然届かない。「悔しいけどいないとがんばれないから」と上を目指すようになった。その梓沙が「できる女」と認めるのが東京から来た同級生、原恵利華《えりか》だ。

Yale–NUS College にて発表（左から梓沙・恵利華）

恵利華も「島外生と島内生は違う」と感じていた。島内生は、あまり裏を読むようなことはせず、あえて表現すれば「無垢でまっしろ」。内気で自己表現が少ない彼女たちに、最初はどう接していいのかわからず戸惑った。それでも、体育祭や授業の中で自然と話す機会が増え、徐々に打ち解けていった。「自分にないものを持っている。へんにひねくれていないところがうらやましい」。梓沙のことは「努力家」と評価し、「まじリスペクト」と笑う。

二年生になった梓沙と恵利華は、夢探究での課題解決プロジェクトで同じチームになった。二人とも「島の観光を何とかしたい」と興味分野が共通していたのだ。島前地域全体の観光客が減る中で、どうしたら観光客に来てもらうことができるか。最初は、ヒトツナギのように島の大きな魅力である人とふれあえる「ホームステイ」を観光の売りにできないか、というアイデアが浮かんだ。しかし、地域に出てヒアリングをするうち、ホームステイも長期間や複数回の受け入れは負担になる上、素性がわからない人を家に泊めるのは不安も大きい、という問題に行き当たった。「もっといい方法があるんじゃないか」。梓沙と恵利華は、ほかのチームメンバー三人とともに議論を重ねた。梓沙が、空き家がたくさんあるという情報を提供すると、島外のメンバーが京都で町屋を活用したゲストハウスが流行っているとパンフレットを入手してきた。そこで「空き家を活用したゲストハウス」を整備し、低料金で長く泊まって島の日常の暮らしや人のつながりを体験してもらう、という企画が生まれた。

九月には、梓沙と恵利華は二人そろって鎌倉に行き、全国から高校生が集い議論を行う研修会にも参加した。そこで、自分の意見を伝えきれない悔しさは味わったが、意識の高い高校生たちに触発され、効果的な発表の方法も学ぶことができた。

その後は、英語でプレゼンができるよう徹底的に準備した。「母国語が英語になるかと思うくらい、大変だった」という猛特訓をジョセフからも受けた。そして五日間の行程で向かったシンガポールで五人は英語でのプレゼンテーションを堂々と、やりきった。

発表を終えた梓沙は「世界トップクラスの大学生に直接会って、やっぱり違うな、かっこいいって思ったし、むちゃくちゃいい刺激になった。もっとがんばんなきゃ」と気合いが入った。シンガポールの現地の学校での生徒交流、企業訪問、自主研修、ホームステイなどでも、想像以上にコミュニケーションをとることができ、自信にもなった。帰国後、校内で島の人たちを前に発表したとき、最後にジョセフが英語で「このプランのターゲットは？」と質問した。恵利華は質問の意図を汲み取ると、自信たっぷりに「ヤングジェネレーション」と親指を立てた。

ふるさとに未来を

生徒たちの学習意欲や進路意識が高まることによって、島前高校から難関大学へ進学する生徒も

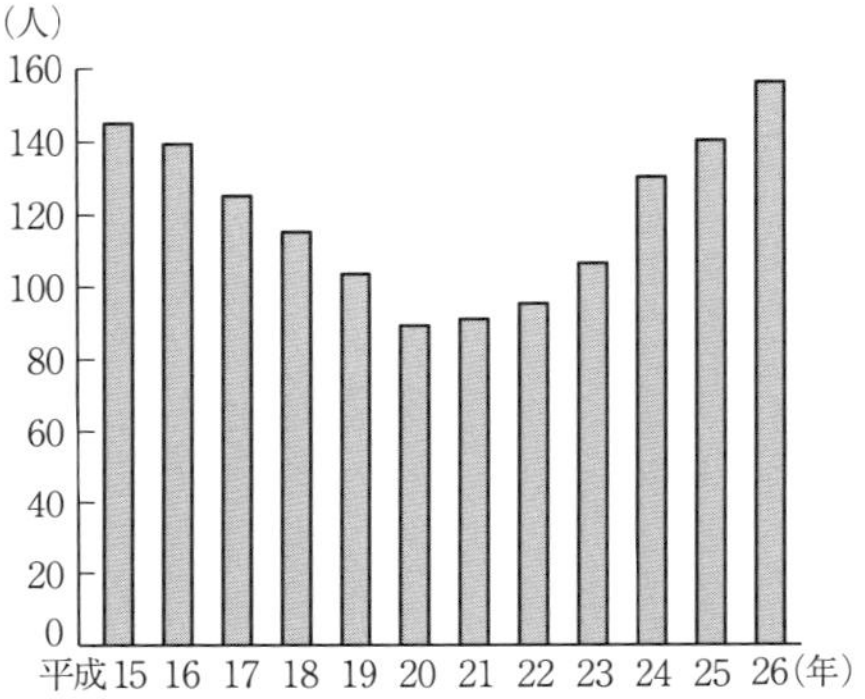

島前高校生徒数の変遷

図書室から見る寮と島家「三燈」(右)

結果的に増えていった。国公立及び難関私大進学者数は、二〇〇九(平成二一)年春の卒業生四〇人中二人であったが、二〇一四(平成二六)年春は三九人中一三人になった。そして、島前高校の生徒数はV字回復を果たした。

現在の全校生徒の四割強が、帰国子女を含む島外からの島留学生である。二〇一五(平成二七)年度入学者選抜では、県外からの入学枠二四名に対して五〇名以上の生徒が全国から志願し、推薦選抜においては島前高校が県内最高の競争倍率となっている。また、島外から生徒だけではなく親も一緒に移り住むケースや、「島前高校で自分の子どもを育てたい」という思いを持って、小さな子どもを連れて教育移住する家族も出てきている。

入居者が少なく赤字で苦しんでいた寮は、二〇一三(平成二五)年度には定員を溢れ、入寮できない生徒も出始めた。そのため、寮のすぐ隣に「島家」として長期宿泊型施設を町が建設した。地域から名称を公募した結果、「海士・西ノ島・知夫」の三島や、「過去・現在・未来」などの三方を照らす燈となることを願って、島前研修交流センター「三燈《さんとう》」と名付けられた。

また、学習センターに通う生徒も一〇〇人を超え、当初の民家だけでは生徒が入りきらず、他の民家や公民館、高校の一室なども使用していた。そのため、高校のすぐ近くで空き家となった築一〇〇年の古民家を改修し、二〇一五(平成二七)年春には新しい学習センターとして竣工される予定である。

新しい学習センターには、通り土間と呼ばれる地域に開かれた学びと交流のスペースや、松下村塾《しょうかそんじゅく》と同じ間取りの対話の場などもできる。豊田は言う。「人としての器が大きく、よりよい地域や社会をつくる志と実践力のある人間をここから輩出していきたい。ここを現代の松下村塾にしたい」。

二〇一四(平成二六)年三月一〇日、三町村で「島前ふるさと魅力化財団」を設立。今後は島前高校だけでなく、島前の教育、そして島前地域の魅力化を目指していくことが確認された。

たすきつなぎ

「岩本はもういらない」という教員がいる。島前高校のキャリア教育担当教諭の中村怜詞《さとし》である。

中村は、二〇一三(平成二五)年度に島前に赴任するまでは、県内有数の進学校で教壇に立っていた。いかに偏差値を上げ、何人国公立大学に合格させるか。数字は出してきたという自負があった。次の異動先は県内トップの進学校だと周りから言われ、自分もそう思っていたが、受けた辞令は島前高校。「絶望的な気持ち」になった。県教育委員会に抗議しようと考えたが、「嫌と思うことほど、意味があるのではないか」と思い直し、踏み止まった。

東京出身の中村は、島根県でも松江市と出雲市の市街地しか経験はない。着任してからも憂鬱な日々が続いた。海が荒れれば船が止まり、まさに孤島となる。知り合いもいない中で、流人になったような気がした。また、中村は島根県の教科指導を引っ張る存在として「リーダー教員」にも県教育委員会から選ばれていたが、専門の世界史の授業が週に二時間しかない。「これまでの実績はなんだったんだ」。積み上げてきた経験とスキルを否定されたように感じた。代わりに任された授業は「地域学」と「夢探究」。やるからには結果にこだわりたいが、大学入試にない科目では、何がいい結果なのかよくわからない。この授業をつくってきた岩本に趣旨を尋ねると、「地域学は、地域について教わる授業ではなく、地域を舞台に社会や世界を学ぶ授業」「夢探究は、就きたい職業を見つける授業ではなく、ありたい姿や未来を創造する力を身につける授業」だという。「これは可能性がある」と中村は直感した。これまでの教員生活で抱えていた悩みの糸口になるような気がしたのだ。

前任校の生徒たちは非常にポテンシャルが高く、間違いなく優秀だった。それなのに、伸びきらない生徒が少なくない。やればもっとできるのに、言われたこと、出された課題しかやってこない。受験前だけ頑張って、帳尻を合わすような形で合格通知を得て、大学に進学していった生徒を何人も見てきた。何が足りなかったのだろうか。中村は原因は大きく二つあると考えていた。一つは志やビジョン。生徒は、学校の外の世界をほとんど知らないまま、自分の将来やこれからの社会で必要な力などを考えることもなく、知識を与えられ、詰め込まれる。だから、自分のためや未来のためにやるのではなく、「やらされ感」になってしまう。もう一つが、答えが出ない問いに対して悩み続ける経験。正解が一つではないものを前に深く探究し、迷いや悩みを抱え続けながら、壁を越えていく経験をしていない。だから、「わからない」ものを前に粘り強く向き合えず、苦しいときにすぐ投げ出してしまう。この二つが、地域学や夢探究に全力で取り組むことで越えられるかもしれない、と思ったのだ。

地域学の授業をする中村(中央)

六月、初めて一人で担当した地域学の授業準備で、久しぶりに徹夜をした。二週間前から準備を進めていたが、まず自分自身が島前地域について知識を得なければならなかった上、どういう設計をしたらいいのか、どうやったら生徒自身が主体的に考える授業になるのか、答えは簡単に出なかった。六回の授業のたび、前日はほぼ徹夜となり、体力的にかなり消耗した。

それに加え、中村は「ヒトツナギ部」の顧問にもなっていた。ヒトツナギは第一回の成功後、毎年実施されるようになり、島前高校の正式な部活に昇格した。教諭としてその第一号顧問になったのはよいが、「ヒトツナギ」というものを見たことも聞いたこともない。まったくイメージができないにもかかわらず、周りからの期待は大きい。中村自身、ツアーの企画や実施などやったこともないので、「無理。自分にはできない」と口から出かかったことが何度もあった。

トイレの修理をしてもらう
傍ら，立ち尽くす中村(左)

また、地域学でも同じような当惑を覚えていた。課題解決力や協働力をつけるという目的は認めるが、何も地域の問題解決に限定しなくてもいいのではないか、どうして学校や生徒が地域のために動かなくてはならないか。「島前地域立」ではなく「県立」学校だ。「地域のため」と言うことは、生徒を島に縛り付けることにはならないか。教員の負担が大きいだけに、そこまでして自分たちがやる理由や意義が見いだせなかった。

中村はヒトツナギの旅の前日、参加者が宿泊する予定の知夫村の松養寺《しょうようじ》に、生徒と準備のために訪れた。ガスが点かず、トイレも詰まっていて流れないことに気づく。貸してもらう約束はしていたが、そこまで確認をしていなかったのだ。明日から参加者がやってくる。途方にくれていると、寺の檀家の住民が駆けつけ、トイレの詰まりを除き、ガス台を直してくれた。しかも、段取りの悪さから迷惑をかけたことを責められるどころか、高校生たちに「わざわざ知夫に来てくれてありがとう」と口々に言って帰った。中村は、はっとした。これまでは、「島のためにしてやっている」という気持ちがどこかにあった。だから、苦しかったのだと。「やってあげている」のではなく、地域に支えられながら教育活動をさせてもらっているということに思いが至った。

そもそも中村は、着任するまで「グローカル」という言葉を聞いたことがなかった。グローバルに競争して勝ち抜く力の必要性は考えていたものの、ローカルの重要性など意識したことはなかった。それが、地域学やヒトツナギを通じて、人のつながりや感謝の心など、現代社会で薄れつつある価値がローカルの中にこそあると気がついた。こうした地域が抱いている「いなかセンス」と、グローバル社会で生き抜くための「都会センス」を両有し、その文化的バイリンガルになっていくこと。そして、ローカルとグローバルをつなぎ、良い部分をかけあわせられる人間が育つことは、この地域だけでなく、日本全体にとっても価値があることだと確信した。

一流を目指して

中村の授業は、岩本や豊田ら学校外部の人たちのプレゼンテーションに衝撃を受けたことで、劇的に進化した。以前は、いわゆる「チョークアンドトーク」の授業で、スライドや映像、音楽など使ったことがなかった。そんな小道具を使うのは邪道とさえ思っていたが、生徒のためになると感じ、授業に取り入れた。

中村は、岩本から聴いた話の中で一つだけ心にとめているものがあった。それが、目指すべき「一流」の話だった。「期待されている成果が出せないのは三流の仕事。その人がやっているときだけ成果が出るのは二流の仕事。その人がいなくなっても、それが進化し続けるところまでやってはじめて一流だ」。これは、そのまま教育にも当てはまると思った。自分が指導している間は、成績が上がり、合格という成果は出る。しかし、教育の本当の成果はその後、教員がいなくても自らの進路や人生を切り拓いていけるかどうか、言い換えれば、卒業しても学び続けられる生徒を育てられたかどうかだ。中村は教員になりたての頃は、生徒や保護者から陰で「三流ホスト」と呼ばれていた。その後、進学校でスキルを磨き「二流教員」まではきたという自負がある。ここ島前で「一流」になりたいと強く思うようになった。

二〇一三(平成二五)年度に浜板の後任として社会教育主事に着任した道川一史《かずし》にも中村は影響を受けた。知夫村出身で島前の小学校の教員を長く勤めてきた道川が「この子は小学生のときこうだった」「親はこうで、じいちゃんはこんなことをやってた人で」「中学校の担任がこんな人で、そのときこうなって」と生徒の小さい頃の状況や背景、これまでの変化の轍《わだち》を説明する姿を見て、「これこそキャリア教育の根幹だ」と胸を打たれた。「どんな想いでこの子を育ててきたんだろう」。生徒の後ろにある、ここまで育ててきた家族や小中学校の先生、地域住民にまで初めて思いが至った。

最初は、道川の一生懸命さも、地元出身だからこんなにやっているんだろう、と少し冷めて見ていた。自分自身は東京出身だし、島がどうなろうが関係ないという感覚も心のどこかにあった。それが、地域のこと、生徒の未来を想い情熱を持って動く道川のハートに触れ、中村の心に灯がともった。地域でトラブルが起こっても、道川が一本電話をするだけで解消する。島の人たちに信頼されているのを肌で感じた。助けてもらうことばかりだったが、自分もこの人やこの人の後ろにある地域に何か恩返ししたいと思うようになった。

合言葉

中村と同時に二〇人の教員が新しく島前高校に着任していたが、自分も含めて島前高校の取り組みを事前に知り、魅力を感じて自ら希望して赴任した教員はいない。中村は職員室で隣の席の岩本とよく話し、早い段階で魅力化のさまざまな取り組みに加わっていた。しかし、周りを見渡すと、まだその熱は教員全体には広がっていないことに気がついた。地域学や夢探究の授業に関わるのは、地歴や理科の教員など一部。これらの授業に関わっていない教員が意識を共有することは難しく、関わった教員も理念は評価するものの負担感は根強く、「なぜ自分ばかり」という不満のもとにもなる。「なんでこんな科目をつくったの?」という雰囲気が担当教員からにじみ出て、それが生徒に伝わっている場面も目にしたことがあった。しかも、島前高校の場合、教員の半数が講師。経験を積んできた教諭に比べれば、どうしても指導力が低い部分もある。また、異動も早く一〜三年程度で教員も替わっていく。

トイレ掃除を行う中村（中央）と道川（手前）

中村は、こうした現状を踏まえた結果、特定の個人頼みではなく「チーム」をつくり、「文化」として定着させていくしかないという結論に至った。どうやったら学校全体が一つのチームとなって取り組んでいけるのか、試行錯誤を続けた。指導力に定評のある講師を招いた研修や、学校外での学びを校内で共有するように心がけた。夢探究の授業も、学年全体の教員で関わることにし、全員が授業を担当する仕組みに変えた。若手教員らが自主的に岩本と豊田を招いて行った協働的課題解決学習の研修には、勤務時間外にもかかわらず多くの教員が詰めかけた。チームで生徒に関わり、生徒の成長を共に確認し、課題を一緒に話し合うことを通して、仲間は増えていった。目下、中村は「チーム島前」を教員や生徒だけでなく、学校と地域の合言葉にしていきたいと考えている。そして、岩本らが進めてきた魅力化の取り組みを「一流」にしたいと思っている。

山高くして

道川は、赴任するまで島前高校の存在を特に意識したことはなかった。ただ、小学校の教員時代から、言われたことはやるが、自分から前向きに取り組むことが少ない子どもたちを見て、「どうやったら主体性を育てられるのだろう。いったい何が足りないのか」と悩んでもいた。その答えの一つが、島前高校の取り組みにあると気づいた。高校の夢探究や地域学、ヒトツナギ、学習センターの夢ゼミ。自分で自分の生き方を考え、自ら学ぼうとする姿勢や地域社会に貢献したいという意欲が育っていくのを目の当たりにした。

道川の出身の知夫村は、島前三島でもっとも小さな島で、人口も六〇〇人に満たない。道川の子どもの同級生は二人しかいない。その環境が子どもに与える影響を考え、以前は、本土の高校に送り出そうと考えていた。しかし、島前高校に来てから「我が子は島前高校に行ってほしい」と思うようになった。今、中学校で学ぶ教え子たちにも同じ気持ちを持っている。今の島前高校であればたくましく育つことができる。何よりも地域学や夢ゼミを受けてほしい。高校の存続のためではなく、子どもの将来を考えて、そう思うのだ。

　地域学で二年生が、知夫の将来を考えるというプロジェクトに取り組んだ。生徒たちは知夫に渡って、餅つきなどの行事に参加し、住民と一緒に交流しながら話を聞くことから始めた。最初は高校生たちにそっけない態度だった島の男性が、いつの間にか一緒にお茶を飲むようになった姿を見て、うれしさがこみ上げた。

知夫の餅つき大会で交流する生徒

　一方、生徒が住民に「これからの知夫はどうなると思いますか？」と聞いたとき、「このままだと思う」「何も変わらない」と答える人が少なくなかった。「このまま」何もしなければ、「このまま」の知夫は維持できないことに気づいていない。多くの住民が現実を直視していないことに愕然とし、危機感は強まった。自分自身、小学校教員として現場にいたときは地域の未来など、まともに考えることはなかった。しかし、魅力化に関わるようになったことで「このままでは知夫はなくなる」「地域をなくさないために何かしたい」という意識が芽生えてきた。魅力化の推進協議会に、知夫の同世代の委員を送り込んだ。まずは同世代に「やらないかん」という仲間を広げ、一緒に知夫の魅力化を進めていきたいと考えている。

また、道川が小学校から高校に来て痛切に感じることは、小中高の教育がつながっていないということだった。小中学校で取り組んでいることが高校で活かされていなかったり、小中学校でやっていないから、高校が苦労していることが多くあった。島前高校が小中学校の「ふるさと教育」を発展させた「グローカル教育」を目指すのであれば、保育園を含めてグローカル教育の「in/about/for/with」を共有し、意識した指導をすべきである。例えば、保育園や小学校低学年では「in」つまり、地域の中で、遊び、味わい、楽しみ、五感で地域にひたる体験を重視する。小学校高学年では「about」、地域について学び、考え、伝える。その後の「for」、地域のために提案し、実践し、貢献する。そして「with」、地域と世界、自分を結び、共に未来を描き、創造する。

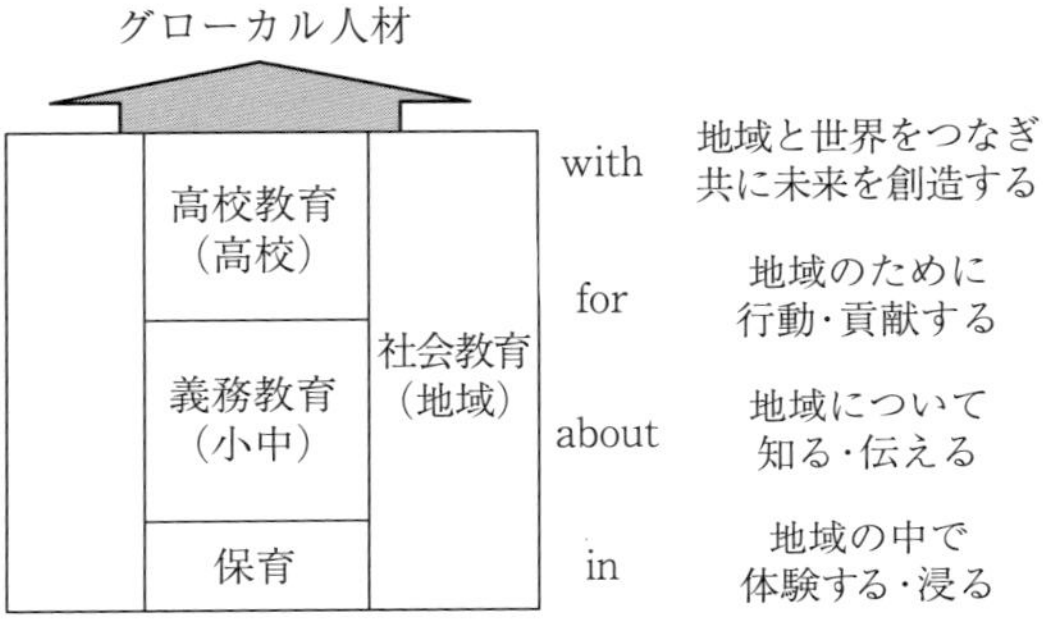

縦と横の協働によるつなぐ教育

もっと、つなげていける。そのためには、島前高校の取り組みや、目指す島前地域の教育の姿を、保育園、小中学校の教員にも広げていくことが欠かせない。道川はまず、隠岐地域の小中学校の全教員が集まる隠岐教育研究会や島前地域の校長会などで、岩本、豊田、中村らに話してもらった。その後、小中学校の教員に高校や学習センターに来てもらったり、高校生や教員、ジョセフらが小中学校に出向く機会をつくっていった。二〇一五(平成二七)年度から、知夫小と知夫中は一貫校として新たなスタートを切る。その知夫小中学校の教育指針は島前高校と同じ「グローカル人材の育成」と決まった。「正直言って今から。まだまだだからこそ、できることがまだまだある」。山は高いからこそ、やりがいも大きい。これからが自分の出番だと思っている。

終章　志を果たしに

卒業式後

真の北極星

二〇一四（平成二六）年九月、東京や京都、北海道などから島前高校の卒業生をはじめ約三〇人の学生が島前高校を訪れ、出前授業を実施した。企画したのは早稲田大学三年になった大脇政人。

政人は中学生の頃、岩本が初めて島へ訪れた際の出前授業「世界と地域と自分とのつながりを五感で体感するワークショップ」を受けたことがある。そのとき、東京などから来た学生たちとも出逢い、強く興奮したことを今でも鮮明に覚えている。大学や専門学校がない島前地域では、島の子と学生が出逢う機会は少なく、近い将来のことを想像するのが難しくなりがちだ。その出逢いの重要性を肌で感じていたからこそ、「たくさんの学生と交流し、自分の目標となるロールモデルと出逢う機会を提供したい」と大学一年のときにこの出前授業を企画し、年二回続けてきた。大学の授業と研究、さまざまな地域でのフィールドワーク、塾の講師、それに加えて出前授業の企画と準備。正直大変だが、原点にあるのは、自分を育ててくれた地域への恩返し。今の自分は島に育ててもらったという実感と感謝があるからこそ、今度は自分が少しでも学びの場をつくり恩返ししたいと思うのだ。

将来は島の町長になって、リーダーの育成と教育による地域づくりに取り組みたいという夢は今も持っている。しかし、その夢にこだわるつもりはない。夢は変わろうが、その根底にある「この島のために」という想いは揺るがない。そして、高校生活を通して、夢を描き直す力を身につけてきたという自信があるからだ。

輝きの連鎖

政人が今まで繋いできた出前授業のたすきが、次へ引き継がれようとしている。島前高校を卒業した青山達哉たちである。京都で大学生活を送っている達哉は、二〇一四(平成二六)年七月、政人から電話をもらった。「来年からの出前授業、達哉たちがやらない?」と声をかけられ、すぐに了承した。達哉にとって二つ年上の政人は、小学校の頃から一緒に遊んできた兄貴のような存在。引き継ぐことに、抵抗感はなかった。達哉は、政人がやっている出前授業に一度参加し、その意義は認めながらも「まだまだ良くなる」と考えていた。現在は、島前高校生と外から来る大学生にとっては意味がある取り組みになっているとは思うが、高校生と大学生だけにとどまっているのではないか。地域の人たちともっと関わっていける形にできないのか、という課題意識があった。「もう一歩先へ」。次は自分たちが前へ進めたいと思ったのだ。

出前授業を行う政人

達哉は、今は別々の大学に通っている同級生たちに声をかけた。西ノ島出身の大野希、知夫出身の川本息生《いぶき》、東京から島留学で来た廣瀬友香《ゆか》。それに海士出身の自分も合わせれば、島前三島と島外というバランスもとれている。島前出身の希と息生だけではなく、友香にとっても島前は「ふるさと」。島親をはじめ、定期的に島に帰ってきて顔を見せたい、話したい人がたくさんいる。三人とも達哉の提案を喜んだ。

早速岩本に相談しようと、夏の帰省に合わせて島前高校を訪ねた。出前授業を自分たちが継承していくこと。個人としてではなく、組織を立ち上げて持続性を持ってやっていくこと。島の生徒たちと外から来る学生たちだけのものではなく、地域にとっても意味がある「三方よし」の活動を目指すこと。ドキドキしながらの報告だったが「いいじゃん、それ!」と興奮気味の岩本を見て、ほっとした。さらに「これ、すごく苦労するだろうし、挫折も味わうんだろうなー、ワクワクするねー」とあふれんばかりの笑顔を見せる岩本に、達哉もつられて笑った。

志定まれば

達哉、息生、希、友香の四人は「SHIMA探究」として新たなスタートを切ることに決めた。まずは、春に学生三〇人くらいを島に呼び、出前授業で高校生と対話するほか、三島に分かれて島の宝探しや課題探しをする計画だ。学生は、島の畜産や福祉、集落支援などの現場も体験する。流行やイメージとしての「地方」ではなく、実際の地域や現場を五感で感じてもらいたい。その上で、この島を好きになってくれたり、「将来こういった地域や現場に自分も関わりたい」と思ってくれる学生が一人でも増えてくれたら嬉しい。今後は、全国だけではなく世界中の学生も集まる「SHIMA探究」にしていきたい。

達哉たちはもう一つ、「裏目標」を持っている。この企画に多くの島前高校の卒業生に参加してもらうことだ。卒業生が母校へ還ってくる仕組みをつくりたいのだ。島前高校を卒業後、全員が島前地域や島前高校に関わる機会を持っているわけではない。島留学の卒業生ばかりではなく地元の卒業生であっても、ふるさとや母校に何か貢献したいという想いを持ちながら、その取っ掛かりをつかめない人は多い。この活動を通して、さまざまな年代の卒業生たちが母校に集い、つながりを深め、新たな夢を語り合い、次へ踏み出すきっかけにしていきたい。この地域の未来を、そしてこの地域から未来をつくっていくのは、僕ら卒業生なのだから。

生徒に語りかける達哉

約束の未来

フェリーが到着し、港は人で溢れかえった。

懐かしい顔が笑い合いながら船を降りてくる。

フェリーで着いたのは島前高校の恩師や各地で活躍している先輩、後輩たちだ。

「お帰りなさい」

僕たちは声をかけた。


今日は二〇三五年一一月三日。午後から、島前高校の八〇周年式典が開かれる。恩師たちをはじめ皆、一〇年に一度の再会の約束を果たすため、どこにいてもこの日には駆けつけてくれるのだ。かつてこの島前地域に襲いかかってきた過疎、少子高齢化に伴う地域の衰退。島前高校もまた、存続の危機に陥っていた。だが、僕たちが中学生だった頃から高校と地域の生き残りを賭けた、島前高校魅力化プロジェクトが始まった――。

それから四半世紀。僕を含め、当時の高校生たちが地域の中核を担う年代になった。いったん島を出て自分の道を進んだ島内生も島外生も、都会や海外で得たさまざまな経験や技能、人脈を手土産に続々とUターンし、地域の課題に挑戦している。起業する者をはじめ、学校や病院、福祉施設などにも卒業生たちが入り、いきいきと働き、地域を支えている。僕も東京でやっていた仕事の拠点を島に移し、島前の人や島外の人が交流するカフェを開き一〇年以上が過ぎた。

島前高校の教員の多くも、今では卒業生たちが担っている。レスリングでオリンピックに出場した後輩が今はチビレスの指導をして後進を育てている。さらに島前高校の卒業生たちや関係者たちが町村長や町村議員にもなり、三町村が協力しながら島前を元気づけている。

漁業、畜産、農業などの一次産業も若返り活性化した。生産、加工、流通、販売において三島が連携していった結果、“OKI”“DOZEN”のブランドは海外でも知られるようになった。ジオパークを含め、世界各地からの体験型観光も当たり前の光景として定着した。こうした島前地域の産業活性化の動きには、全国各地や海外で活躍している島前高校の卒業生たちの強いネットワークが一役買っている。

グローカル人材を輩出し続けた地域の教育もまた、評価を高めている。大学や自治体、企業などと連携した研究機関が島前地域につくられ、研修や学習観光、教育産業が活発になっている。かつては高校を中心に行われた魅力化プロジェクトの教育理念は、今や島前地域すべての保育園から高校までの一貫教育を通して体現され、地域全体が「教育の島」として知られている。「島前で子育てをしたい」と小学生などを連れた教育移住やＵＩターンも増え、中学や高校には海外からの島留学も珍しくなくなった。子どもや若者が増えたことで、高齢化率は下がっている。

島前地域はかつて課題先進地だった。それが、今は「課題解決の先進地」と呼ばれるようになり、同じような課題を抱える他地域をはじめ欧米やアジア各国からも注目されるようになってきている。ここには相変わらずコンビニもゲームセンターもデパートもない。しかし、ここには人がいる。誇りと志を持った人たちがいる。そして、人と人、人と自然とのつながりがあり、地に足がついた文化と暮らしと幸せが、ここにはある。

僕たちは恩師や先輩、後輩たちと高校までの坂道を登り始めた。

僕は高校生の頃、毎日乗らなければいけない内航船と毎日登るこの坂が嫌いだった。

しかし、大人になってからわかることがある。日々内航船で通ったおかげで、今でも島を跨《また》いで何かに取り組むことに抵抗がない。また真夏の猛暑でも、雪の積もる日も登り続けたこの坂道のおかげで、人生で大切なことを体で教わっていた。

「長い坂道を登れば、雄大な絶景が見える」ということを。

辛く長い下積み時代や海外での厳しい修行期間に、何度も逃げ出したいと思った僕を支えてくれたのは、満開の桜咲くこの坂道の教えだった。

そんな話をしている間に、「真理・理想・進取」の文字が刻まれた石碑が見えてきた。

校舎は木造に変わり、電気はすべて海藻バイオマスや波力、太陽光などで賄われるようになっているが、理念は変わっていない。多くの人たちの想いによって活かされている、生徒と地域の未来をつくる学校だ。

体育館で式典が始まった。

島前高校の歩んできた道は決して平らな道ではなかった。数多の壁や困難を乗り越え、長く大変な時期をくぐり抜け、島前高校が今こうしてこの約束の日を迎えられることを誇らしく思う。

式の最後に懐かしいメロディが流れ、一五〇人を超える現役の高校生とともに校歌を合唱する。

鏡の名負う碧き海　仰ぐ家督《あとど》の峰の雲　あゝ美しきこの島に……

進取の偉業しのびつつ　強く伸びよう　永久に

ここまでたすきを繋いできた多くの方々に感謝し、今度は自分たちが一〇〇周年に向けてこのたすきを繋いでいくことを誓った。

祝賀会は笑顔で溢れていた。あちこちで人の輪ができ、思い出話に花が咲く。

高校生たちの民謡と島前神楽の披露の後は未来に向けての話で白熱する。

そして最後は島前の『ふるさと』を歌う。
会場には自然と大きな輪が生まれている。
隣に立つ恩師と肩を組んだ。

兎追いしかの山　小鮒釣りしかの川
夢は今も巡りて　忘れ難きふるさと……
志を果たしにいつの日にか帰らん
山は青きふるさと　水は清きふるさと

スクリーンには、世界各地で合唱する卒業生たちの姿が映し出されていた。
ここ島前から『ふるさと』の響きが、地球中にこだましていった――。

略年表

西暦	和暦(年度)	主な出来事
1955	昭和 30 年	島前高校の前身である隠岐高校島前分校開校
1958	昭和 33 年	法律改正を実現し全国で始めて全日制の分校となる
1965	昭和 40 年	島根県立隠岐島前高等学校として独立(全学年 2 学級)
2003	平成 15 年	三町村による隠岐島前任意合併協議会解散 自立促進プランで人口対策における高校の重要性が提起される
2006	平成 18 年	生徒数の減少により 1 年生が 1 クラスへ学級減 外部講師や学生を招いての「出前授業」を開始
2007	平成 19 年	県立高校の再編・統廃合に関する答申が発表される 隠岐島前高等学校の魅力化と永遠の発展の会発足
2008	平成 20 年	地元中学生の 55% が島外の高校へ進学．全学年 1 学級になる 社会教育主事の高校内配置が実現 隠岐島前高等学校魅力化構想の策定・提言
2009	平成 21 年	第一回観光甲子園でグランプリ(文部科学大臣賞)受賞 住民有志を中心とした島前高校魅力化推進協議会の発足 生徒と保護者，住民等による第一回「ヒトツナギ」の実施
2010	平成 22 年	全国から多彩な生徒を募集する「島留学」制度開始 「夢探究」など地域連携型カリキュラム開始 公立塾「隠岐國学習センター」開所．「夢ゼミ」開始
2011	平成 23 年	地域創造と特別進学の 2 コース新設．「地域学」開始 キャリア教育推進連携表彰(経済産業省・文部科学省)受賞 島根県が離島・中山間地域の高校魅力化・活性化事業を開始
2012	平成 24 年	入学生の増加により 1 年生の 2 クラス化(学級増)が実現 生徒の働きかけによりヒトツナギ部と軟式野球同好会創立決定 離島振興法の改正による「標準法」の改正が実現
2013	平成 25 年	「魅力化シンポジウム」開催．「新魅力化構想」の策定・提言 三町村による島前ふるさと魅力化財団設立 魅力化プロジェクトがプラチナ大賞(総務大臣賞)を受賞
2014	平成 26 年	地元中学生の 70% が島前高校を志願．全学年 2 学級化実現 島前研修交流センター「三燈」完成．学習センター新校舎建設 スーパーグローバルハイスクールに指定決定(文部科学省)
2035	平成 47 年	11 月 3 日 島前高校 80 周年記念式典(予定)

託された願い

岩本　悠

なぜ私はこの島へ来て、この高校に関わることになったのだろう。他にも少子化が進む地域や、存続の危機にある学校は多くあるにもかかわらず。その答えはおそらく、「縁」と「人」なんだと思う。期せずして、この地域もこの学校も私自身も、今までと違う何かを求めている時機に巡りあった。そして、人の想いに共鳴し、「この人たちとなら」と思えたからである。

地域のために、本気で何かを成し遂げようとする「志」、人や縁、関係性を大切にする「情」、新たなものから学び、異なるものを受け容れ活用しようとする、しなやかな「学びの姿勢」など、人の魅力に惹かれて島へ来たのである。だからこそ、こうした人の魅力を次の世代につないでいく「魅力ある人づくり」こそが、魅力ある地域づくりの真髄だと確信できた。

この取り組みの軌跡を、そしてここに関わる人たちの想いを遺そうと思ったのは、八年ほど前であった。当時は取り組みを始めたばかりで、四面楚歌、五里霧中、七転八倒の苦悶の時期。まずはこの学校の歴史を学ぼうと、過去の記事や記録を繙《ひもと》いていたときだった。この学校をつくり、国の法律をも改正させ、独立させていった住民や教員たちの強い想い、そして、多くの負担や犠牲、苦闘の上に今があることを知った。当時の人たちに比べれば、今の苦しみなどは如何に些細なものかと思えた。そして、こうして受け継がれてきたものを、ここで終わらせずに、次へつないでいきたいという想いが自然と湧いてきた。先人たちの祈りのような願いに触れ、魂が震えた瞬間だったのかもしれない。五十年前の手記を読んで私自身が逃げずに前へ進む勇気をもらったように、今度は自分たちが五十年後の子どもや若者たちに何かを遺したいと思ったのである。

あるとき、この取り組みに関わっている地域のお母さんに言われた言葉が今でも忘れられない。

「私は正直、この魅力化の取り組みはうまくいかないんじゃないかと思ってる。たとえ一時的にうまくいったとしても、続かないと。でも、やらなきゃいけないと思う。私は、子どもたちがマラソンや駅伝に出るときに、勝てないからと途中で諦めたり、手を抜いたりするようなことは、絶対に許さない。この取り組みも結果的には成功しないかもしれない。でも、無理だと諦めてやめてしまうようであれば、子どもたちに『負けてもいいから全力でがんばりなさい』『ビリでも最後まで走り抜きなさい』なんて二度と言えなくなる」。

その後、ある生徒と夢について話をしていたとき、彼は「まちのために何かしたい」と言った。私は「それ本当か？　俺は十代の頃にそんなこと一度も思ったことはないぞ。何でそんな風に思うようになったんだ」と尋ねると、しばらくの沈黙の後、彼はこう言った。

「何かこれといった、わかりやすい体験があるわけじゃないんです。でも、少しずつそういう想いが積み重なってきた感じなんです。島がこれだけ大変な中で、町長さんは給料を半分にしていたり、批判されてもいろいろ新しいことに挑戦しているじゃないですか。悠さんみたいなIターンの人たちだって、この島と関係ないのによそから来て、何か本気で頑張ってるじゃないですか。そういう人たちの話を聴いたりその姿を見たりする中で、だんだん思うようになってきたんです。自分も何かやりたい。この人たちと一緒に、自分もはやく戦いたいって」。

それを聴いて理解できた。凝った教育プログラムや優れた教育ツールが彼らの想いを育てたんじゃない。結局、人が人を育てているんだと。

過疎地の現実は厳しく、今後も勝算があるわけではない。今の人間が今の取り組みをずっと続けられるわけでもない。その中での私たちの夢は、ここで学んだ若者たちがいつか志を継いでいってくれること。そして、彼らがまたいつの日にかどこかで挑戦を続けてくれること。そんな願いを託している。

大人が変われば、子どもが変わる。
子どもが変われば、未来が変わる。

黒船以来、欧米に追いつけ追いこせと邁進してきた時代において、いつしか僻地、辺境、最後尾と言われるようになったこの小さな島が、次代を牽引する曳船としてあらんことを。そして何より、私たちの孫や曽孫の世代が、「この国に生まれて良かった」「この土地に育ててもらって良かった」と、ふるさとへの誇りと感謝を持って、幸せに生きていけるように。

島前に挙がった一筋の狼煙。この小さいけれど一隅を照らす燈が、多くの地域に、灯っていくことを願って。

平成二七年三月吉日

謝辞

苦楽を共にした田中利徳先生、石田和也先生、西藤昌裕先生、常松徹先生、小山峰明先生、武藤立樹先生、和田伸二先生、佐々岡貴子先生、中村怜詞先生をはじめとした島前高校の先生方、また豊田庄吾さん、伊藤努さん、藤岡慎二さんをはじめとした隠岐國学習センターの皆さま、そして吉元操さん、浜板健一先生、道川一史先生、花房育美さん、クアッシ・ジョセフさんをはじめとした魅力化の会、推進協議会、ワーキングチーム、魅力化事務局、魅力化コーディネーターの皆さま。

生徒を見守りご協力くださる近藤安子さん、濱田哲男さん、濱田佳子さん、井尻義教さんをはじめとした保護者、島親、地域の皆さま。ご指導やご支援をいただきました溝口善兵衛様、藤原義光様、鴨木朗様、佐藤睦也様をはじめとした島根県や島根県教育委員会の皆さま、そして文部科学省、総務省、国土交通省など省庁や議員の皆さま。

島前での学びを胸にそれぞれの道を歩む畑中晨吾、柏原正吾、岡本利恵子、川本あゆみ、近藤弘志、木村優介、川崎乃愛、大脇政人、大野希、青山達哉、川本息生、廣瀬友香をはじめとした島前高校の卒業生たち。日々成長していく渡邊杉菜、佐々木梓沙、原恵利華、白石真巳、茂呂大紀をはじめとした島前高校の生徒たち。

この本への写真の提供をはじめ多くのご協力をいただいた島前三町村の役場、教育委員会、観光協会の皆さま。粘り強く伴走してくださった岩波書店の田中朋子さんをはじめとした制作チームの皆さま。

そして、紙面の関係でお名前を出せなかった関係者をはじめ応援していただいたすべての皆さまに、心より感謝いたします。本当にありがとうございました。

この取り組みは、本書に紹介しきれなかった幾多の困難や失敗、そして多くの方々のご尽力とご支援によって育まれてきました。また、これからも尽きることのない課題や悩み、希望を抱えながら挑戦を続けて参ります。今後とも末永くご指導ご鞭撻を賜りますよう、宜しくお願い申し上げます。

山内道雄・岩本悠・田中輝美

この本は、島前高校魅力化の会の会長山内道雄の監修のもと、岩本悠と島前高校の平尾章恵、学習センターの的場陽子などが中心となって企画・調整を行い、新聞記者時代から島前を追ってきた田中輝美が多くの関係者へ取材を重ねて書きおこし、さまざまな関係者のご意見やご助言をいただきながら岩本が加筆・修正をして、まとめたものです。(二〇一五年三月記)

山内道雄

隠岐島前高等学校の魅力化と永遠の発展の会初代会長　1938年生まれ．島生まれ島育ち．NTT 通信機器営業支店長などを経て，2002 年から 2018 年まで 4 期 16 年にわたって島根県海士町長を務める．著書に『離島発 生き残るための 10 の戦略』(NHK 出版)．

岩本　悠

1979 年東京都生まれ．学生時代にアジア・アフリカ 20 カ国の地域開発の現場を巡り，『流学日記』を出版．ソニーを経て，2006 年より島前の教育に携わる．2015 年から島根県教育魅力化特命官，2017 年に一般財団法人 地域・教育魅力化プラットフォームを設立．2019 年『地域協働による高校魅力化ガイド――社会に開かれた学校をつくる』(次頁参照)を刊行．

田中輝美

島根県立大学地域政策学部准教授／ローカルジャーナリスト　1976 年島根県生まれ．大阪大学卒業後，山陰中央新報社入社．記者として島前の取材を重ねる．同社と琉球新報社の合同企画「環《めぐ》りの海」(2013 年度新聞協会賞)に携わる．2014 年に独立．著書に『関係人口の社会学』(大阪大学出版会)など．2021 年，上記大学学部に着任．博士(人間科学)．

未来を変えた島の学校
　―隠《お》岐《き》島前《どうぜん》発 ふるさと再興への挑戦

2015 年 3 月 24 日　第 1 刷発行
2023 年 9 月 15 日　第 10 刷発行

著　者　山内道雄《やまうちみちお》　岩本《いわもと》　悠《ゆう》　田中輝美《たなかてるみ》

発行者　坂本政謙

発行所　株式会社 岩波書店
〒101-8002 東京都千代田区一ツ橋 2-5-5
電話案内 03-5210-4000
https://www.iwanami.co.jp/

印刷製本・法令印刷

ISBN 978-4-00-024876-1　　Printed in Japan